ALEXANDRE SILVA

FAÇA DIREITO, FAÇA FAÇA DINHEIRO

OS 7 PASSOS PARA TRANSFORMAR SEU ESCRITÓRIO EM UM NEGÓCIO DE SUCESSO

Gente
editora

CB038857

Diretora
Rosely Boschini

Gerente Editorial Sênior
Rosângela de Araujo Pinheiro Barbosa

Editora
Natália Domene Alcaide

Assistentes Editoriais
Camila Gabarrão
Mariá Moritz Tomazoni

Produção Gráfica
Leandro Kulaif

Preparação
Debora Capella

Capa
Caio Duarte Capri

Projeto Gráfico
Márcia Matos

Adaptação e Diagramação
Joyce Matos

Revisão
Carlos César da Silva
Bianca Maria Moreira

Impressão
Santa Marta

CARO(A) LEITOR(A),
Queremos saber sua opinião
sobre nossos livros.
Após a leitura, siga-nos no
linkedin.com/company/editora-gente,
no TikTok **@editoragente**
e no Instagram **@editoragente**,
e visite-nos no site
www.editoragente.com.br.
Cadastre-se e contribua com
sugestões, críticas ou elogios.

Copyright © 2025 by Alexandre Silva
Todos os direitos desta edição
são reservados à Editora Gente.
R. Dep. Lacerda Franco, 300 - Pinheiros
São Paulo, SP - CEP 05418-000
Telefone: (11) 3670-2500
Site: www.editoragente.com.br
E-mail: gente@editoragente.com.br

Dados Internacionais de Catalogação na Publicação (CIP)
Angélica Ilacqua CRB-8/7057

Silva, Alexandre

Faça Direito, faça dinheiro: os 7 passos para transformar o seu escritório
em um negócio de sucesso / Alexandre Silva. - São Paulo: Editora Gente, 2025.
192 p.

ISBN 978- 65- 5544- 590- 9

1. Desenvolvimento profissional 2. Negócios I. Título

25- 0473

CDD 658.1

Índices para catálogo sistemático:
1. Desenvolvimento profissional

PATROCINADOR OFICIAL:

APOIADORES:

- Adriana Maria Scarpato
- Alay Cristina de Oliveira
- Alexandre Alves
- Alexandre Chaves
- Alfredo Soares
- Allana de Oliveira dos Santos
- Anderson Souza
- André Pinheiro
- Augusto Rafael Araújo
- Beatriz Sândalo
- Camila Duarte Nunes
- Carol Rocha
- Dany Sakugawa
- Donizette Alves Cabral
- Edson Furquim Pereira
- Eduardo Camargo
- Eduardo Koetz
- Elcio Ghioto
- Elen Priscila Lopes
- Euro Junior
- Fabiana Tomé
- Familia Martiniano
- Fernanda Balman Silva
- Fernanda Nogueira
- Frederico Amaral
- Genvolt Geradores
- Giovanni Arloca Cicarelli
- Giovanni Henrry Neves Grimaldi
- Giovanni Naddeo
- Heros Marques
- Hikson Gomes
- Jefferson Emílio
- Jéssica de Oliveira Souza Vieira
- João Soriani
- José Milagre
- José Salvadori
- Julia Maria Bertin de Toledo
- Karine Franco
- Kelly Machado
- Leandro Lucena
- Levi Eduardo
- Lindalva dos Santos
- Lucas Viegas
- Luis Carlos Borin
- Luis Perdomo
- Malbio Mendes
- Márcia Pitta Rebechi
- Maria Terezinha Marini Rebechi
- Matheus Kafuri
- Matheus Mattes
- Maurício de Freitas Moraes
- Melissa Mangueira
- Monica Varga Emilio
- Natalia Stefanie
- Nathalia Estanislau
- Patrícia Branquinho Haber
- Paulo Jorge Rebechi
- Paulo Santana
- Pedro Henrique Mendes Alves
- Phillipe Mendes
- Priscila de Oliveira
- Priscila Oliveira
- Rafael - Mundo dos Vistos
- Rafael Augusto
- Rafael Stival
- Rebechi & Silva
- Renan Fernandes
- Renan Vicente
- Renato Olivato de Oliveira
- Robson Conceição
- Rodrigo Parra
- Silveline Buscarini Rebechi
- Tamires Cristina Ferreira
- Teresa Cristina Rebechi
- Thiago Moreira
- Thiago Vargas Medeiros
- Thomas Santos
- Victor Hugo Gianelli
- Wagner Mendes
- Walter Lolis
- Wesley Fernando Rebechi

NOTA DA PUBLISHER

Como transformar conhecimento técnico em resultados concretos? Esta é a pergunta que permeia a trajetória de inúmeros profissionais. A advocacia, como tantas profissões, enfrenta um paradoxo: formar excelentes técnicos, mas deixar de lado a preparação para os desafios do mercado. Em *Faça Direito, faça dinheiro*, Alexandre Silva, um visionário no mundo jurídico e empresarial, traz aprendizados que transformaram seu escritório em um negócio altamente lucrativo e inovador.

Por que você, leitor, deveria mergulhar nesta obra? Porque ela oferece mais do que teoria – apresenta um plano prático para estruturar seu escritório como uma empresa que cresce, se destaca e prospera. Neste livro, o autor o guiará pelos passos essenciais para se posicionar como referência, atrair clientes ideais e construir um negócio sustentável. É um convite para advogados que não aceitam a estagnação e estão prontos para evoluir.

Alexandre Silva combina sua sólida formação em Direito e Marketing com sua vivência em empresas globais como Nestlé e PepsiCo para criar um livro único no mercado jurídico. Ele ensina não apenas a administrar um escritório, mas a reinventar sua carreira, aproveitando o poder do marketing digital e das redes sociais para destacar-se em um mercado saturado.

Convido você a sair da zona de conforto e abraçar este guia transformador. Mais do que um livro, é uma oportunidade de crescer como advogado e empresário. Este é o momento de reescrever sua história na advocacia. Aceita o desafio? Boa leitura e sucesso!

ROSELY BOSCHINI
CEO e Publisher da Editora Gente

A Deus, pela fé que guia meus passos.
À Elisabete Rebechi, pelo amor e pelo apoio incondicional.
A Raphael Rebechi e Stephanie Rebechi,
meus maiores motivos de orgulho.
Este livro é uma extensão do que somos
como família: unidos e perseverantes.

AGRADECIMENTOS

Ao pensar neste livro, o que mais me vem à mente é a palavra gratidão. Ele não é apenas um projeto, mas o reflexo de tudo o que vivi, aprendi e construí ao longo dos anos. Cada página carrega um pedaço das pessoas que fizeram parte dessa jornada e me ajudaram a chegar até aqui.

A Deus, antes de tudo, meu agradecimento mais profundo. Ele é minha base, meu guia, e sem Ele nada disso seria possível. Toda a conquista que compartilho neste livro tem Sua permissão e bênção.

Aos meus pais, Elder Agustinho Silva e Lourdes Braz Silva, que me ensinaram o significado de trabalho, resiliência e valores. Vocês são o alicerce de quem eu sou, e tudo o que conquistei começou com as lições que vocês me deram.

À minha esposa, Elizabete Rebechi, meu amor, minha parceira de vida. Você é quem segura as pontas, cuida do que temos de mais valioso, nossa família, e me dá a liberdade para mergulhar de cabeça em meus projetos. Sem você, nada disso faria sentido. Te amo muito!

Ao Alfredo Soares e sua equipe, meu agradecimento pelo prefácio generoso e por todo o apoio. Obrigado também aos empresários do G4 Scale, que abriram portas para essa conexão.

Aos meus sócios: Murylo Augusto – Murylão, muito obrigado por ter me ajudado na revisão deste livro –, Raphael Rebechi e Stephanie Rebechi (e Thomas, meu netinho lindo que ela acabou de me dar de presente), minha gratidão eterna. Cada conquista do escritório tem a marca da confiança e da parceria de vocês. Obrigado por sempre acreditarem em mim, mesmo nas ideias mais desafiadoras.

Aos colaboradores do Rebechi & Silva, vocês são a base de nosso sucesso. Durante a escrita deste livro, pensei em cada um de vocês, porque o trabalho que realizamos juntos é o alicerce de tudo o que construímos.

Aos meus mentorados, vocês foram a faísca que me inspirou a escrever este livro. Cada dúvida, cada pergunta e cada conversa que tivemos me ajudaram a enxergar o que realmente importa. Este livro é, em parte, uma resposta às suas principais dúvidas e, mais do que isso, uma forma de continuar guiando vocês rumo aos resultados que merecem. Obrigado por confiarem em mim e me motivarem a sempre entregar meu melhor.

E, claro, aos mais de duzentos mil seguidores que me acompanham diariamente nas redes sociais, aos amigos, clientes e parceiros do Rebechi & Silva Advogados Associados. Vocês são uma fonte inesgotável de inspiração e a razão de eu continuar compartilhando meu trabalho com tanto entusiasmo. Este livro é nosso. Ele é feito de histórias, desafios e conquistas que vivemos juntos. Obrigado por fazerem parte disso.

O CAMINHO PODE SER ÁRDUO, MAS O RESULTADO VALE CADA SEGUNDO.

FAÇA DIREITO, FAÇA DINHEIRO
@alexandresilva_adv

SUMÁRIO

PREFÁCIO 15

AVISO IMPORTANTE 19

INTRODUÇÃO:
VOCÊ FEZ DIREITO, MAS NÃO APRENDEU A FAZER DINHEIRO 22

1.
UM MAR DE
ADVOGADOS 30

2.
UM OCEANO DE
OPORTUNIDADES 38

3.
CHEGOU A HORA DE VOCÊ
CRESCER NA ADVOCACIA! 54

4.
CONHEÇA SEU NICHO
E SUA PERSONA 62

5.
REVELE SEU VALOR POR
MEIO DE CONTEÚDO   80

6.
ENGAJE E CRIE
RELACIONAMENTOS   94

7.
SEJA REFERÊNCIA   120

8.
CONVERTA CONTATOS
EM CONTRATOS   134

9.
ESTRUTURE UM NEGÓCIO
SUSTENTÁVEL   156

10.
RESULTADOS E
MELHORIA CONTÍNUA   170

11.
AGENDA LOTADA E
BOLSO CHEIO   180

12.
PARABÉNS! VOCÊ É
UM ADVOGADO CEO!   186

PREFÁCIO

Conheci o autor deste livro em um desses encontros que a vida nos proporciona entre empreendedores que compartilham a mesma paixão por transformar sonhos em realidades palpáveis. Desde o primeiro momento, ficou claro que o Alexandre Silva não era apenas mais um advogado; era um visionário disposto a romper barreiras e a redefinir o que significa sucesso no mundo jurídico.

Faça Direito, faça dinheiro é mais do que um livro para especialistas do setor. É um manual indispensável para qualquer profissional que deseja transformar seu negócio em uma máquina de resultados. Alexandre Silva nos leva por uma jornada pessoal, repleta de desafios e aprendizados, com a qual qualquer empreendedor que já enfrentou as turbulências do mercado pode se identificar.

Ao longo destas páginas, somos convidados a repensar conceitos já preestabelecidos e a abraçar uma mentalidade empresarial que muitas vezes falta em profissionais técnicos. A verdade é que, independentemente do setor, o sucesso sustentável vem da união entre expertise técnica e habilidades de gestão, marketing e vendas. E é exatamente essa integração que o autor nos apresenta de maneira clara e prática.

O livro destaca a importância de conhecer profundamente seu nicho de mercado e a persona do cliente ideal. Em um mundo saturado de informações e ofertas, destacar-se requer foco e especialização. Isso não apenas aumenta a eficiência operacional, mas também cria uma conexão mais profunda com os clientes, que se sentem compreendidos e valorizados.

Outro ponto crucial abordado é a necessidade de construir uma presença digital sólida.

Vivemos na era da informação, na qual a primeira impressão é frequentemente formada on-line. Ignorar o poder das redes sociais e do marketing de conteúdo é abrir mão de um canal poderoso de aquisição e fidelização de clientes. O Alexandre Silva é prova viva disso, transformando desafios em oportunidades por meio de estratégias digitais inteligentes.

A resistência à inovação é um obstáculo que muitos negócios enfrentam. Este livro nos encoraja a abraçar a mudança, a adotar novas tecnologias e a estar sempre um passo à frente. Afinal, em um mercado em constante evolução, a estagnação é o primeiro passo para a irrelevância.

Enquanto empreendedor, vejo nos insights deste livro princípios universais que se aplicam a qualquer negócio: a importância de conhecer seu mercado, de valorizar o relacionamento com o cliente, de investir em marketing e, sobretudo, de nunca parar de aprender e se adaptar.

Faça Direito, faça dinheiro é uma fonte de inspiração e conhecimento para todos que desejam alcançar o sucesso na vida profissional. Recomendo a leitura atenta e a aplicação prática dos ensinamentos aqui compartilhados. Tenho certeza de que, assim como eu, você encontrará nestas páginas a motivação e as ferramentas necessárias para elevar o nível de seu negócio.

Boa leitura e sucesso em sua jornada!

Bora vender!

ALFREDO SOARES
Fundador da G4 Educação e autor best-seller

AVISO IMPORTANTE

Antes de você começar a leitura deste livro, quero dizer algo muito importante: **não se trata apenas de um livro. É um plano para transformar seu escritório e sua vida!**

E, para isso, quero propor um acordo. Eu prometo entregar meu melhor conteúdo, aquele que realmente pode gerar os resultados que você merece. Em troca, peço que leia com atenção, reflita sobre cada passo e assine a carta de compromisso a seguir. Parece justo, né? Afinal, meu objetivo é simples: ajudar você a crescer.

Mas essa jornada não acaba aqui. Quando terminar este livro, quero que você me mande uma mensagem contando sua transformação, os passos que deu e como colocou em prática o que aprendeu. Esse será o sinal de que todo o nosso esforço valeu a pena.

E aí, topa o desafio? Porque eu estou 100% empenhado em fazer isso funcionar para você.

COMPROMISSO COM O SUCESSO E O CRESCIMENTO DE MINHA ADVOCACIA

Eu, _____, assumo o compromisso de aplicar as lições, estratégias e técnicas apresentadas neste livro para transformar minha carreira na advocacia. Reconheço que o conhecimento aqui compartilhado é uma ferramenta poderosa para alcançar o crescimento profissional e financeiro que desejo.

Minha meta é clara: dentro de doze meses, a partir da data de assinatura desta carta, eu me comprometo a atingir um faturamento de R$ _____ em meu escritório. Sei que, para CRESCER enquanto profissional, precisarei sair de minha zona de conforto, quebrar padrões e aderir a novas práticas de gestão, marketing e vendas, e estou disposto a adotar todas essas mudanças.

Eu prometo:

- **Ler atentamente** cada capítulo deste livro, realizando todos os exercícios propostos ao final de cada seção.
- **Implementar** os planos de ação sugeridos, mesmo quando parecer desafiador ou fora do comum para o mercado.
- **Manter-me focado** em meus objetivos, revisitando este compromisso sempre que necessário para retomar a motivação.
- **Compartilhar** minhas vitórias e meus aprendizados com outros colegas de profissão, para que possamos, juntos, elevar o nível da advocacia no Brasil.

Data: _____

Assinatura: _____

Quero que, ao ler este livro, você se lembre disto: o sucesso não é um destino, mas a caminhada. Hoje, você está dando o primeiro passo para transformar sua carreira em um negócio de sucesso. E aqui está meu convite para trilharmos essa caminhada juntos! Aproveite a jornada, aproveite a leitura!

Assim que assinar a carta, tire uma foto do livro e publique em seu Instagram com a hashtag **#boracrescer**. Não se esqueça de me marcar (**@alexandresilva_adv**), pois assim eu e diversos advogados dessa comunidade poderemos apoiá-lo durante todo o processo de crescimento!

 Ah, antes que eu me esqueça, escaneie o QR code e entre em nosso grupo do WhatsApp exclusivo para leitores do livro. Lá, você terá a oportunidade de baixar os materiais de apoio que preparamos para você, além de tirar suas dúvidas comigo, com a equipe de marketing do Rebechi & Silva e com todos os colegas que compraram o livro e decidiram entrar no grupo.

Lembre-se, estamos juntos nessa caminhada!

Aviso importante **21**

INTRODUÇÃO:
VOCÊ FEZ DIREITO, MAS NÃO APRENDEU A FAZER DINHEIRO

"História, nossas histórias, dias de luta, dias de glória." – Charlie Brown Jr.[1]

O começo no mundo jurídico não foi nada como eu imaginava. A realidade dos advogados que querem começar um negócio é brutal: o mercado é extremamente competitivo, e poucos têm a preparação necessária para gerir um escritório de advocacia. Na faculdade, somos treinados para ser técnicos, dominar as leis, mas ninguém nos ensina como captar clientes, vender nossos serviços ou administrar um escritório.

Eu vivi isso, e não foi nada fácil chegar até aqui. Quando decidi montar meu escritório de advocacia, não tinha um único cliente. Durante quase quatro meses, me vi fazendo ligações frias, batendo de porta em porta. Algumas pessoas até me ouviam, mas nenhuma empresa fechou contrato comigo ou com meus sócios. Era um momento desafiador, daqueles que nos fazem questionar nossas escolhas.

Esses primeiros meses do escritório foram um verdadeiro pesadelo. Deixar um salário confortável e estável em meu emprego anterior para encarar o caminho incerto do empreendedorismo não foi uma decisão fácil. Cada dia era um novo desafio, cada "não" parecia pesar mais do que o anterior. Eu me perguntava o tempo todo: *Será que fiz a*

---

[1] DIAS de luta, dias de glória. Intérprete: Charlie Brown Jr. *In*: IMUNIDADE musical. São Paulo: EMI, 2005.

escolha certa? Será que montar meu próprio escritório foi mesmo a melhor decisão? E as contas não paravam de chegar.

Lembro-me de um dia em particular, quando eu estava gravando um vídeo no quarto de meu apartamento para postar nas redes sociais. Ao meu lado, meu filho Raphael, hoje um dos meus sócios, segurava a câmera. Eu tentava me concentrar no texto, mas a verdade é que meu pensamento estava longe, perdido em preocupações. Todo o esforço que estávamos fazendo há meses não gerava resultados. De repente, comecei a chorar copiosamente na frente de meu filho, mas tentava disfarçar para não chamar a atenção de minha esposa, que estava no corredor ao lado. Naquele momento, o Raphael me disse: "Pai, vai dar tudo certo, não se preocupe!". O peso do fracasso começava a esmagar qualquer esperança de sucesso.

Mas foi esse mesmo peso que me manteve em pé. A certeza de que advocacia é, mais que uma profissão, um chamado. E eu não estava disposto a desistir. Cada porta fechada, cada cliente que dizia "não", só me dava mais força para continuar tentando. Porque eu sabia que, de alguma maneira, isso tudo valeria a pena. E foi com essa mentalidade que decidi continuar a dar meus próprios saltos de fé.

Muitos advogados com extrema competência técnica falham em construir uma base sólida para seus escritórios. Eles se aprofundam na parte técnica, mas se esquecem de que o jogo também envolve vendas, marketing e uma mentalidade empresarial. A verdade é que, para CRESCER na advocacia, precisamos ir além do que é ensinado nas salas de aula.

Ser um bom advogado não é suficiente. Eu percebi que precisava ser um bom empresário. A advocacia, no fundo, é um negócio – e, como qualquer outro, depende de estratégias bem-definidas para prosperar. Comecei a enxergar meu escritório como uma empresa, na qual cada cliente é um ativo; cada atendimento, uma oportunidade; e cada erro, uma lição.

E eu já sabia como fazer isso, bastava colocar em prática.

DO MARKETING AO DIREITO

Como ele sabia?, você deve estar se perguntando. Minha carreira profissional foi tudo, menos linear. Passei mais de vinte anos em cargos de liderança nas áreas de marketing e comercial, atuando em grandes empresas como Nestlé e PepsiCo, onde aprendi com os melhores do mercado. Se a Nestlé foi uma escola para mim, a PepsiCo foi meu MBA. Minha formação inicial foi em Marketing, e só aos 40 anos decidi cursar Direito.

Fiquei deslumbrado com a profissão e, quando inicialmente montei meu escritório de advocacia, passei aqueles primeiros meses difíceis sem me dar conta de que era um negócio como qualquer outro e deveria ser tratado como tal.

Comecei a aplicar meus conhecimentos de marketing e vendas, fiz uma pós-graduação em Administração de Empresas na Fundação Getulio Vargas (FGV) para entender ainda mais sobre gestão e formei uma base sólida para escalar o negócio. Hoje, sou CEO do grupo Rebechi & Silva, que não é apenas um escritório de advocacia, mas um conjunto de empresas com visão estratégica e integrada. E é com essa experiência multifacetada que compartilho o que aprendi sobre gestão, marketing, vendas e finanças.

Enquanto escrevo este livro, o Rebechi & Silva Advogados Associados acaba de completar três anos, já alcançamos um faturamento anual de sete dígitos, e nossa equipe cresceu de quatro sócios para um time de vinte profissionais altamente competentes e comprometidos. E algo peculiar sobre nós é que, atualmente, 90% de nossos clientes vêm das redes sociais.

ADVOGADO SÉRIO USA REDES SOCIAIS?

Um dos maiores saltos de fé que dei em minha carreira foi abraçar o poder da presença digital, por influência da Bia, minha nora, que me convenceu a apostar de verdade nas redes sociais. Confesso que no início não confiava muito, pois como seria possível explicar Direito Tributário em redes sociais como TikTok e Instagram? Sobre o que poderíamos falar para atrair o público? Será que os empresários consumiam conteúdo nessas redes sociais? A resposta, em poucos meses, se mostrou como um grande "sim"!

Em nosso escritório, temos o hábito de explorar temas relevantes do mundo tributário para criar conteúdos que vão além da informação – queremos entreter e envolver nossos seguidores. E foi em uma sexta-feira qualquer que meu filho me perguntou: "Vamos fazer um vídeo a respeito daquela sacada tributária da Lacta sobre a qual você me contou uma vez?".

Você já deve conhecer a história do Sonho de Valsa. Resumidamente, a Mondelez, empresa responsável pelo bombom Sonho de Valsa, alterou a classificação fiscal do produto para "wafer",[2] e, com isso, reduziu a carga tributária desse produto em 5%, já que diferentes

---

[2]   BAST, E. Sonho de Valsa é bombom? Para o Carf, não; veja outras curiosidades tributárias. **CNN**, 10 jul. 2023. Disponível em: www.cnnbrasil.com.br/economia/financas/sonho-de-valsa-e-bombom-para-o-carf-nao-veja-outras-curiosidades-tributarias/. Acesso em: 24 nov. 2024.

categorias de produtos estão sujeitas a alíquotas distintas de impostos no Brasil.

Lançamos um vídeo explicando essa sacada, que é interessantíssima e faz o olho de qualquer empresário brilhar – e, para a nossa surpresa... **nós viralizamos!**

A partir dali o jogo virou, e nunca mais ficamos um único dia sem receber contatos de empresas interessadas em nossos serviços. As redes sociais se transformaram em nosso principal canal de aquisição de clientes. Eu comecei a me destacar em um oceano vermelho mostrando quem eu era, não apenas como advogado, mas também como pessoa. Comecei a compartilhar tanto conhecimentos técnicos quanto histórias reais, desafios e vitórias. Quanto mais gerava conteúdo, mais as pessoas confiavam em mim.

O que teve início como uma tentativa despretensiosa logo se tornou o pilar de nosso sucesso. Entendi que, para atrair os clientes certos, precisava falar a linguagem deles, precisava estar onde eles estavam. E, mais importante, precisava ser visto.

Você deve ter percebido que minha trajetória foi marcada por muitos saltos de fé. Essas decisões, que parecem insanas para quem vê de fora, sempre fizeram parte de minha vida.

Ainda adolescente, pedi demissão de meu primeiro emprego como office boy sem ter outra oportunidade em vista. Foi essa decisão que me levou a trabalhar na maior empresa de alimentos do mundo, a Nestlé. Depois, deixei uma posição de liderança e um salário muito interessante na Nestlé para aceitar uma proposta da PepsiCo para criar a Unidade de Negócios de *food services* do zero. Aos 40, resolvi voltar à faculdade para cursar Direito, me tornar advogado e apostar em meu escritório ainda sem clientes. Logo em seguida, comecei a usar as redes sociais. E, agora, escrever este livro é mais um salto de fé – e não será o último, se Deus quiser.

Em cada um desses momentos, aprendi que a coragem de sair da zona de conforto é essencial para o crescimento. E é isso que quero mostrar aqui. Quero ajudar você a dar seu próprio salto de fé e mudar o jogo. Topa o desafio?

Estou cansado de ver colegas brilhantes desistirem da profissão por não conseguirem manter seus escritórios. O sistema parece injusto: quanto mais técnico você se torna, a impressão é de que mais distante você fica do sucesso financeiro. E quer saber? Existe um pouco de verdade nisso; vou explicar melhor nos próximos capítulos.

Este livro é um convite para você que, assim como eu, já se questionou se deveria desistir. É para você que sente o peso de uma carreira que parece não deslanchar, mesmo com todo o seu esforço. Eu sei como é, já passei por isso e sei o quanto dói. Mas também sei o quanto é possível mudar, evoluir e, principalmente, crescer. Minha missão aqui é compartilhar o que aprendi para que você não precise cometer os mesmos erros.

Há uma frase popular que nunca saiu de minha cabeça: "Você não escolhe um livro, é ele que escolhe você". E, se está lendo este, é porque ele chegou em sua vida no momento certo, quando você está preparado para recebê-lo. Este livro não nasceu de um momento de iluminação repentina; é resultado de anos de prática, erros e acertos. Eu sabia que precisava de uma metodologia para crescer e queria algo que pudesse compartilhar com outros advogados que estivessem enfrentando as mesmas dificuldades. Dessa prática, nasceu o método CRESCER: mais do que um acrônimo, é uma filosofia que abrange cada aspecto essencial para o sucesso na advocacia moderna. Ao longo desta leitura, apresentarei cases de grandes empreendedores e empresários, em grande parte fora da área da advocacia, porque espero ajudar você a ampliar seus horizontes enquanto empresário, pois a inovação, muitas vezes, vem de onde menos esperamos.

Este livro não é um manual técnico de advocacia; é um convite para refletir sobre suas escolhas e, assim, enxergar o potencial que você ainda não viu em si mesmo. Se você está disposto a dar esse salto de fé, saiba que não está sozinho. O caminho pode ser árduo, mas o resultado vale cada segundo. Vamos transformar desafios em oportunidades, incertezas em certezas, e fazer da advocacia não apenas um meio de vida, mas um caminho para o sucesso e a realização pessoal. Está pronto para CRESCER?

1

UM MAR DE ADVOGADOS

"Eu vi o tempo passar, vi pouca coisa mudar, então tomei um caminho diferente" – Charlie Brown Jr.[3]

O Brasil é o país com a maior proporção de advogados por habitante do mundo. Ao todo, cerca de 1,3 milhão de advogados exercem regularmente a profissão em um universo de 212,7 milhões de pessoas, segundo o Instituto Brasileiro de Geografia e Estatística (IBGE). Isso significa que há um advogado para cada 164 brasileiros residentes no país.[4]

Não quero assustá-lo, porém isso pode piorar, pois o Brasil tem mais cursos de Direito do que todos os outros países do mundo juntos! São cerca de 1,8 mil cursos jurídicos, segundo dados do Conselho Nacional de Justiça (CNJ), e mais de setecentos mil alunos matriculados – um número alarmante.[5]

---

[3] CAMINHO diferente. Intérprete: Charlie Brown Jr. *In*: IMUNIDADE musical. São Paulo: EMI, 2005.

[4] ORDEM DOS ADVOGADOS DO BRASIL. **Brasil tem 1 advogado a cada 164 habitantes; CFOAB se preocupa com qualidade dos cursos jurídicos**, 2 ago. 2022. Disponível em: www.oab.org.br/noticia/59992/brasil-tem-1-advogado-a-cada-164-habitantes-cfoab-se-preocupa-com-qualidade-dos-cursos-juridicos. Acesso em: 24 nov. 2024.

[5] CAPUTO, F. Governo precisa dar um basta na indiscriminada criação de cursos de Direito. **JusBrasil**, 2019. Disponível em: www.jusbrasil.com.br/noticias/governo-precisa-dar-um-basta-na-indiscriminada-criacao-de-cursos-de-direito/684799945. Acesso em: 24 nov. 2024.

É quase como se houvesse uma fábrica de advogados trabalhando intensamente, despejando profissionais no mercado sem o devido cuidado com a qualidade e a empregabilidade desses estudantes.

Até mesmo a Ordem dos Advogados do Brasil (OAB) já demonstrou preocupação com o tema e protocolou uma ação solicitando a suspensão dos processos de autorização de novos cursos e vagas na área de Direito pelo prazo de cinco anos, até que seja possível verificar a qualidade dos cursos existentes e reformular os marcos regulatórios em termos compatíveis com a garantia de qualidade do ensino superior.[6]

A OAB divulgou que, em 2022, mais de 150 mil novos advogados ingressaram na área.[7] Com esse volume de profissionais entrando anualmente no mercado de trabalho, tudo leva a crer que advogados que não se especializam ou inovam em suas práticas não conseguirão ser competitivos o suficiente para seguir por muito tempo na profissão.

Diante desse cenário, em que o significativo número de profissionais no mercado diminui exponencialmente as chances de cada um nos intermináveis processos seletivos e concursos públicos, não é de se espantar que muitos profissionais optem por empreender, construir o próprio negócio. Sei que sou suspeito em dar minha opinião aqui,

---

[6] ORDEM DOS ADVOGADOS DO BRASIL. **OAB requer ao STF suspensão de autorização de novos cursos de Direito**, 8 maio 2020. Disponível em: www.oab.org.br/noticia/58135/oab-requer-ao-stf-suspensao-de-autorizacao-de-novos-cursos-de-direito. Acesso em: 24 nov. 2024.

[7] ORDEM DOS ADVOGADOS DO BRASIL. **Projeto da OAB facilita inclusão digital de 150 mil advogados**, 1º abr. 2015. Disponível em: www.oab.org.br/noticia/3940/projeto-da-oab-facilita-inclusao-digital-de-150-mil-advogados. Acesso em: 24 nov. 2024.

mas sinceramente acredito que esse seja o caminho mais interessante. Ser o CEO de seu próprio escritório não tem preço.

Infelizmente, entretanto, 30% dos escritórios de advocacia abertos em São Paulo nos últimos dez anos fecharam suas portas.[8] Sim, 30%! Isso significa que, a cada dez novos escritórios, três não sobrevivem por mais do que alguns anos – o que demonstra como é desafiador manter um escritório em um ambiente tão competitivo.

Um dos motivos é o alto custo com aluguel de salas, contratação de funcionários, assinaturas de softwares jurídicos, investimento em marketing, custos processuais, ou seja, uma infinidade de despesas recorrentes que muitas vezes não são cobertas pelos honorários recebidos. E mais, um estudo recente da OAB de Minas Gerais revelou que mais de 50% dos advogados recém-formados sequer conseguem definir corretamente o valor de seus honorários.[9]

A verdade nua e crua é que a maioria sai da faculdade sem a menor noção de como abrir um CNPJ, que dirá gerenciar um negócio, captar clientes ou precificar seus serviços de maneira adequada. Isso ocorre porque a maior parte dos cursos de Direito não inclui disciplinas que abordem esses temas, ignorando completamente a necessidade de preparar o advogado para o mercado real, no qual ele precisará ser muito mais do que um bom conhecedor das leis.

---

[8] NÚMERO de escritórios de advocacia fechados aumenta no Brasil. **Terra**, 11 set. 2018. Disponível em: www.terra.com.br/noticias/numero-de-escritorios-de-advocacia-fechados-aumenta-no-brasil,52d5396e14784e5f630c7097c8588627dhmljp8t.html. Acesso em: 24 nov. 2024.

[9] ORDEM DOS ADVOGADOS DO BRASIL. **Maioria dos inscritos na OAB Minas é formada pela jovem advocacia**. 13 set. 2024. Disponível em: www.oabmg.org.br/Noticias/Detalhe/12493/maioria_dos_inscritos_na_oab_minas_e_formada_pela_jovem_advocacia. Acesso em: 24 nov. 2024.

E se você acha que até aqui já apresentei problemas suficientes, infelizmente a história continua! De acordo com estimativas do setor jurídico, uma parcela significativa dos advogados autônomos enfrenta dificuldades para receber seus honorários em dia, o que reflete os desafios econômicos e estruturais da advocacia no Brasil.[10] Imagine só: você se dedica ao caso do cliente, se compromete, faz seu melhor, e, na hora de receber, nada! Os clientes atrasam, não pagam ou negociam descontos absurdos, que você acaba aceitando, porque precisa pagar as contas e manter o escritório funcionando.

Essa é a realidade de muitos profissionais por aí. Não é à toa que tantos advogados se sentem inseguros, desmotivados e até frustrados. E quem não se sentiria assim? O sonho de construir uma carreira brilhante muitas vezes é engolido por um pesadelo: contas que não param de chegar, a escassez de clientes e um mercado que se torna mais competitivo a cada dia. É como lutar uma batalha diária pela sobrevivência – e é provável que você esteja vivendo exatamente isso!

Esse cenário afeta também a saúde desses profissionais, pois a rotina de estar sempre "correndo atrás" de clientes, lidando com questões financeiras instáveis e sentindo-se pressionado para se destacar em um mercado saturado leva muitos profissionais ao esgotamento físico e mental, podendo, em casos mais extremos (que nem por isso deixam de ser comuns), desencadear síndromes de burnout ou depressão.

Para se ter uma ideia, um estudo realizado pelo Instituto de Pesquisa Econômica Aplicada (Ipea) mostrou que cerca de 36% dos

---

[10] ADVOGADOS têm tido dificuldade para receber honorários sucumbenciais. **JusBrasil**, 2019. Disponível em: www.jusbrasil.com.br/noticias/advogados-tem-tido-dificuldade-para-receber-honorarios-sucumbenciais/670170741. Acesso em: 20 nov. 2024.

profissionais do Direito se declaram insatisfeitos com a carreira.[11] Entre os principais motivos estão a dificuldade de se destacar, o alto custo para manter um escritório funcionando e a constante pressão para captar clientes e fechar negócios. É um jogo de sobrevivência no qual nem sempre o mais competente vence.

Enquanto o Direito evolui rapidamente, com o surgimento de novas áreas como compliance, *legaltechs* e resolução alternativa de conflitos, os currículos das faculdades ainda permanecem presos a um modelo arcaico. A OAB tem discutido com frequência a necessidade de uma reforma curricular que integre disciplinas voltadas para gestão de negócios jurídicos, marketing digital e uso de tecnologia no Direito, mas até o momento as mudanças implementadas são tímidas.

Sem essa preparação prática e atual, muitos advogados se formam com uma visão restrita e obsoleta e frustram-se ao perceber que, na prática, o mercado exige outras habilidades para além de sua especialidade.

Se você, como tantos outros, decidiu cursar Direito e abrir seu próprio escritório com sonhos de estabilidade financeira, reconhecimento profissional e uma carreira promissora, pode ser que agora esteja desanimado.

Até aqui, só mostrei o lado negativo dessa história, e você deve estar se perguntando: *Como nadar contra essa correnteza? Como não se afogar em meio a tantos concorrentes? Como evitar se tornar apenas mais um advogado em um mercado saturado?*

---

[11] OLIVEIRA, M. P. de *et al.* (org.). **Rede de pesquisa formação e mercado de trabalho:** coletânea de artigos – educação profissional e tecnológica. Brasília: IPEA; ABDI, 2014. v. 3. Disponível em: www.repositorio.ipea.gov.br/bitstream/11058/3299/3/Rede%20de%20pesquisa%20forma%c3%a7%c3%a3o%20e%20mercado%20de%20trabalho%20-%20v.%203.pdf. Acesso em: 14 jan. 2025.

STEVE JOBS E A APPLE

Steve Jobs é um dos exemplos mais emblemáticos de que ser especialista em algo, por si só, não basta. Ele não era o melhor engenheiro, programador ou designer técnico da Apple – na verdade, deixava o operacional para outros especialistas. Sua genialidade estava em outra coisa: **ter a visão do todo**. Jobs entendeu que o sucesso da Apple não dependia apenas de criar produtos tecnologicamente avançados, mas de oferecer uma experiência única ao cliente, alinhando inovação, design e marketing de modo impecável.

Quando Jobs voltou para a Apple em 1997, a empresa estava à beira do colapso. Tinha produtos incríveis, mas faltavam foco e direção. Ele percebeu que não bastava ter os melhores especialistas em tecnologia; era preciso alinhar esses talentos com uma visão estratégica. Sua decisão foi simplificar o portfólio da empresa e focar o design inovador e, principalmente, o desejo do consumidor de ter uma experiência diferenciada.

Os lançamentos do iPod, do iPhone e do iPad envolvem não apenas tecnologia, mas também entender o mercado, prever o comportamento do consumidor e criar desejos. Jobs não ficou preso ao "operacional" de desenvolvimento de produtos; ele foi o maestro que integrou todas as áreas, levando a Apple a redefinir mercados inteiros.

Na advocacia, é comum advogados se concentrarem no "operacional" – a técnica jurídica, o atendimento ao cliente ou a execução de processos. Ser especialista é importante, mas não o suficiente para se destacar em um mercado saturado como o Direito. Assim como Steve Jobs, o advogado precisa ter uma visão do todo: compreender o mercado, gerenciar o escritório como um negócio, investir em branding e explorar as dores e os desejos de seus clientes de maneira estratégica.

Jobs nos ensina que o sucesso não está apenas em dominar um campo específico, mas em integrar múltiplas áreas – tecnologia, design, marketing – para criar algo maior. No Direito, isso significa ir além da técnica e desenvolver uma abordagem empresarial estratégica e centrada no cliente. Afinal, o mercado não precisa apenas de mais advogados, mas de líderes capazes de transformar escritórios em negócios de alta performance. Você está pronto para ser um deles?

2

UM OCEANO DE OPORTUNIDADES

*"A vida é 10% o que acontece com você e 90%
como você reage a isso." – Charles R. Swindoll[12]*

Aqui começam as boas notícias! Um relatório da Deloitte prevê que, nos próximos dez anos, a demanda por serviços jurídicos continuará a crescer, especialmente em áreas como compliance, direito digital e resolução de conflitos alternativos.

No entanto, os advogados de sucesso terão um perfil bem diferente do que vemos hoje; ou seja, além de dominar o conhecimento jurídico, deverão ter habilidades ligadas a marketing digital, tecnologia e inteligência artificial.[13]

A automação de processos está cada vez mais presente no mercado jurídico. Ferramentas de inteligência artificial, como softwares que realizam análises jurídicas automáticas e ajudam na elaboração de contratos, já são realidade em vários escritórios e vêm ganhando cada vez mais espaço.

---

[12] SWINDOLL, C. R. A vida é 10% o que acontece com você e 90% como você reage a isso. **ProSucesso**. Disponível em: www.prosucesso.com.br/2020/05/vida-10-o-que-acontece-com-voce-90-reage.html. Acesso em: 24 nov. 2024.

[13] FUTURE trends for legal services. **Deloitte**, 10 set. 2022. Disponível em: www.deloitte.com/global/en/services/legal/research/deloitte-future-trends-for-legal-services.html. Acesso em: 24 nov. 2024.

De acordo com a Associação Brasileira de Lawtechs e Legaltechs (AB2L), o número de startups jurídicas no Brasil aumentou 300% entre 2017 e 2019, totalizando quase 150 empresas no setor. Em 2022, esse número subiu significativamente, com a AB2L registrando um crescimento de 3.000% desde sua fundação em 2017 (de 20 para 610 startups).[14]

Além disso, o cliente jurídico do futuro será mais conectado e exigente. Com o acesso fácil à informação através da internet, os clientes tendem a se tornar mais informados sobre seus direitos e suas opções jurídicas, demandando advogados que ofereçam um serviço mais personalizado e eficiente.

Profissionais que souberem utilizar a internet, a inteligência artificial, o marketing digital e as redes sociais para captar clientes, construir uma reputação sólida e ter uma boa noção de gestão empresarial terão uma vantagem competitiva absurda em um mercado cada vez mais saturado. Em outras palavras, esses advogados conhecerão um oceano azul de oportunidades e serão capazes de nadar de braçada onde apenas a elite da advocacia conhece.

Diante de todos esses desafios, é importante que você, advogado, reflita sobre sua própria trajetória profissional. O mercado está cada vez mais competitivo, e as exigências vão além do conhecimento jurídico. Você precisa se reinventar, aprender novas habilidades e se preparar para o futuro.

Vamos ser sinceros! Não dá mais para ser advogado apenas conhecendo leis. Não dá mais para ficar sentado no escritório esperando o

---

[14] HIGÍDIO, J. Boom de *lawtechs* e *legaltechs* fortalece tecnologia em escritórios e tribunais. **Consultor Jurídico**, 17 mar. 2022. Disponível em: www.conjur.com.br/2022-mar-17/boom-lawtechs-legaltechs-fortalece-tecnologia-escritorios-tribunais. Acesso em: 20 nov. 2024.

cliente bater à porta. Hoje, se você quer obter sucesso na advocacia, precisa ir além. Pergunte-se: estou preparado para enfrentar os desafios do mercado jurídico moderno?

Tenho certeza de que várias dessas respostas você encontrará nos próximos capítulos deste livro. Muitos advogados que hoje são referências em suas áreas de atuação começaram como você: sentindo-se perdidos e sobrecarregados. O que os diferenciou foi a capacidade de adaptação e aprendizado contínuo.

Eu e meus sócios começamos nosso escritório há três anos e, depois de alguns meses "batendo cabeça", identificamos as redes sociais como um dos principais canais de aquisição de clientes, fizemos vários cursos de gestão e trouxemos vários talentos para o time. Essa mistura toda transformou nossa salinha de 30 metros quadrados no Rebechi & Silva Advogados Associados em uma sala de dois andares com 120 metros quadrados, sendo hoje um dos escritórios mais respeitados em Direito Tributário do Brasil.

Aposto que, depois de ler o primeiro capítulo, você teve vontade de deixar este livro de lado, pois o cenário não é nem um pouco animador, certo? Fico feliz que tenha continuado; porque, apesar dessas variáveis incontroláveis, como o mercado, existem outras que dependem apenas de nós, e prometo que vou ajudá-lo a mudar o rumo de sua advocacia.

Mas antes, precisamos mergulhar mais fundo para entender as verdadeiras causas que levam diversos advogados a enfrentarem essas dificuldades. Seria tão mais fácil colocar toda a responsabilidade na OAB, não é? Mas a realidade é que muitos dos desafios estão ligados a questões de mentalidade e abordagem estratégica, algo que pode ser ajustado e aprimorado. Existem causas estruturais e comportamentais que impedem o sucesso. E a maioria dessas barreiras nasce dentro dos próprios advogados, seja por práticas e mentalidades adquiridas durante a formação ou por decisões equivocadas ao longo da carreira.

Apesar dos números alarmantes que apresentei no capítulo anterior, muitas vezes o fracasso não vem de fatores externos, como a escassez de oportunidades ou o excesso de concorrentes, mas de questões internas, como a falta de preparo empresarial e a resistência à inovação.

Neste capítulo, mostrarei que, para superar esses obstáculos, você precisa mudar sua forma de pensar e agir. Entenderemos quais são os principais motivos que fazem com que muitos advogados, mesmo tecnicamente capacitados, não consigam crescer e alcançar o sucesso que desejam.

CONSCIÊNCIA EMPRESARIAL

Por mais orgulho que você tenha de ser advogado (e eu sei que tem, porque eu também tenho), a partir de agora, não importa se você trabalha sozinho ou tem apenas um sócio, ou cinco, dez ou mais colaboradores; quero que se veja como o CEO de seu escritório, combinado? Sim, você é o líder, o estrategista, o responsável por guiar seu negócio. Porque, no final das contas, advocacia não é só uma profissão – é um negócio. E aqueles que não são bem administrados simplesmente não prosperam.

Este é o ponto de partida que precisamos ajustar: entender que, assim como qualquer outro profissional liberal, o advogado deve desenvolver habilidades empresariais. Não só para sobreviver nesse mercado competitivo, mas para crescer, se destacar, construir o sucesso que você merece e colocar muito dinheiro no caixa de seu escritório – e, lógico, também em seu bolso.

A SOLIDÃO DO EMPREENDEDORISMO

Uma das maiores dificuldades que enfrentei desde que comecei a empreender foi lidar com a solidão que acompanha as grandes decisões empresariais. Algumas escolhas têm o poder de transformar completamente o rumo de seu negócio, e, muitas vezes, não há com quem dividir o peso delas.

Mas sabe de uma coisa? Descobri que não precisa ser assim. Em 2023, quando conheci o G4 Educação, encontrei minha tribo: um ambiente de aprendizado intenso e troca genuína de experiências com empresários que enfrentam os mesmos desafios. Mais do que isso, o G4 é um movimento que transforma negócios com um ensino prático e focado em resultados. Fundado por nomes de peso, como Tallis Gomes, Alfredo Soares e Bruno Nardon, ele já impactou milhares de empresas e alcançou a impressionante marca de 300 milhões de reais em faturamento em poucos anos.

E o diferencial? É simples: você pode trazer aquelas questões mais complexas, aquelas que tiram o sono. Empresários mais experientes estão prontos para ajudar você a tomar decisões com mais clareza e segurança. E estar ao lado de pessoas que sabem mais que você é um verdadeiro divisor de águas – é aprendizado direto, vindo de quem já enfrentou e superou os desafios do mercado.

O G4 é muito mais do que uma escola de negócios; é uma comunidade transformadora onde a colaboração genuína faz toda a diferença. Os insights que recebi, as conexões que construí e as soluções que encontrei foram essenciais para o crescimento de meu escritório e me ajudaram a superar a solidão que muitos empreendedores enfrentam.

Um oceano de oportunidades

Se você sente que está enfrentando tudo isso sozinho, recomendo que conheça o G4 Educação.[15]

DESCONHECIMENTO DO MERCADO

O desconhecimento do mercado é, sem dúvidas, uma das principais causas do fracasso dos advogados. Muitos começam baseando suas escolhas naquela matéria de que mais gostavam na faculdade. E, sinceramente, não há nada de errado nisso, trabalhar com algo que você gosta é incrível, mas aqui vai um alerta importante: será que você analisou o mercado antes de tomar essa decisão? Será que não existe outro ramo do Direito, talvez com uma concorrência menor ou um potencial de rentabilidade maior, que também faça sentido para você?

Eu sei que no começo é difícil escolher. Quando você está iniciando na advocacia, o que aparecer significa colocar dinheiro no bolso, pagar as contas e, muitas vezes, simplesmente sobreviver. E tudo bem, faz parte. Mas, em algum momento, você vai precisar se posicionar – e quanto antes fizer isso, melhor. Porque um advogado que não tem um posicionamento claro é apenas mais um no mercado, enquanto aquele que se especializa e entende o nicho em que atua se torna uma referência – e é isso que traz resultados consistentes no longo prazo.

Agora, atenção: assim como escolher uma área de atuação não deve ser uma decisão guiada apenas pela paixão, também não pode ser movida exclusivamente pelo retorno financeiro. Optar por um ramo

---

[15] G4 EDUCAÇÃO. Disponível em: www.g40.co/alfredo-scale. Acesso em: 10 fev. 2025.

do Direito só pelo dinheiro, sem nenhuma afinidade ou conexão com a área, pode ser tão desastroso quanto ignorar as demandas do mercado. *Por quê?* Porque você corre o risco de transformar sua advocacia em um peso, algo automático, sem propósito, o que, cedo ou tarde, vai cobrar um preço.

A chave está no equilíbrio. Encontre uma área que una dois elementos essenciais: boas oportunidades de mercado e algo com que você tenha afinidade e o motive. Quando você se conecta com sua área de atuação, o trabalho deixa de ser apenas uma obrigação e se torna uma realização. Por outro lado, atuar em algo de que você não gosta, por mais lucrativo que seja, pode ser desgastante, e o estresse não vai compensar.

Se você ainda não parou para refletir sobre isso, agora é a hora. Não negligencie essa análise. Pense estrategicamente:

1. O ramo do Direito que você escolheu está saturado ou tem espaço para crescer?
2. Existe algum outro ramo que você não conhecia ou nunca considerou, mas que poderia despertar seu interesse?
3. Você consegue imaginar satisfação e propósito atuando nesse nicho em longo prazo?

Quando decidi focar minha atuação no Direito Tributário, percebi que havia uma demanda reprimida por soluções jurídicas tributárias para pequenas e médias empresas. Muitas enfrentam problemas com a alta carga tributária no Brasil, e eu vi uma oportunidade de me especializar nesse nicho, oferecendo serviços personalizados que ajudassem as empresas a reduzirem seus custos com impostos. Essa especialização não só me trouxe mais clientes, mas também me posicionou como uma autoridade na área.

VENDEDOR, JAMAIS!

Essa é uma questão com a qual nunca tive dificuldade ao entrar no mundo jurídico. Com mais de vinte anos de experiência em vendas, adquirida em grandes empresas como Nestlé e PepsiCo, sempre me considerei um vendedor nato – está no sangue. Mas sei que essa não é a realidade da maioria dos advogados.

Acredito que o grande motivo do fracasso de muitos advogados está na área comercial. Existe um estigma no meio jurídico – e em outras profissões especializadas – quando o assunto é vendas. Muitos acreditam que basta ser, de modo técnico, um excelente advogado, mas não é bem assim. Sem saber vender seus serviços, você simplesmente não terá clientes. É uma questão básica, mas essencial.

Ainda há quem veja vendas como algo pejorativo, incompatível com a advocacia, como se a profissão fosse "sagrada" e não precisasse se preocupar com isso. Mas essa mentalidade é um grande erro. Não adianta ter um escritório bonito e um currículo impressionante esperando que os clientes apareçam. O mercado exige proatividade: você precisa se posicionar, mostrar sua expertise e ser visto.

Na verdade, todos nós, de alguma forma, estamos vendendo o tempo todo. E não há problema nisso. Saber vender é uma habilidade indispensável para crescer. Vender não significa "empurrar" algo, mas sim criar valor, mostrar ao cliente que você é a pessoa certa para ajudá-lo. Como afirma Jeb Blount no livro

Negócio fechado, "as vendas não são sobre pressionar o cliente, mas sim sobre guiá-lo para a melhor solução".[16]

Em nosso escritório, seguimos uma abordagem diferente. Começamos mostrando ao cliente que ele tem um problema. Usamos nossos vídeos nas redes sociais para aumentar a consciência sobre questões tributárias, em relação tanto ao problema quanto à solução.

Muitas vezes, ensinamos o cliente a resolver o problema sozinho, sem precisar nos contratar. Sabemos que milhares de empresas, escritórios de advocacia e contabilidades já usaram nossos vídeos para solucionar suas questões sem nos pagar nada. E está tudo bem. Continuamos produzindo esse conteúdo por dois motivos:

1. Sabemos que há empresas que ainda não têm condições financeiras de nos contratar, e isso faz parte de nossa contribuição social.

2. Sabemos que, quando esses clientes enfrentarem algo mais complexo, que não consigam resolver sozinhos, eles se lembrarão de nós.

Quando nos procuram, nosso foco é a venda consultiva: entender profundamente as necessidades e oferecer soluções personalizadas. Não se trata de empurrar serviços, mas de criar valor e mostrar que somos a melhor escolha para resolver seus problemas. Essa abordagem transforma a relação advogado-cliente e aumenta muito as chances de conversão.

---

[16] BLOUNT, J. **Negócio fechado:** como persuadir e vencer negociações complexas. Rio de Janeiro: Alta Books, 2019.

ADVOGADO NÃO PODE FAZER MARKETING

Você tem medo da OAB? Vários advogados culpam a OAB pelo fracasso de seus escritórios, pois argumentam que ela proíbe que façam marketing e, com isso, é impossível conseguir clientes. É possível que você conheça algum advogado que já lhe disse isso. Talvez também já tenha escutado que é perigoso publicar algo nas redes sociais por conta do Código de Ética da OAB, visto que é muito rigoroso e nos impede de fazer quase tudo quando se trata de "marketing para advogados", certo?

Não é bem assim! De fato, temos de nos atentar às normas disciplinares do Código de Ética da OAB; porém, segundo os principais artigos do Provimento nº 205/2021,[17] que regulamentam a publicidade e a informação na advocacia, há várias maneiras de fazer nosso marketing sem infringir as regras:

> **Art. 3º** A publicidade profissional deve ter caráter meramente informativo e primar pela discrição e sobriedade, não podendo configurar captação de clientela ou mercantilização da profissão [...]

> **Art. 4º** No marketing de conteúdos jurídicos poderá ser utilizada a publicidade ativa ou passiva, desde que não esteja incutida a mercantilização, a captação de clientela

---

[17] ORDEM DOS ADVOGADOS DO BRASIL. Conselho Federal. **Provimento nº 205, de 15 de julho de 2021**. Dispõe sobre a publicidade e a informação da advocacia. Disponível em: www.oab.org.br/leisnormas/legislacao/provimentos/205-2021. Acesso em: 20 nov. 2024.

ou o emprego excessivo de recursos financeiros, sendo admitida a utilização de anúncios, pagos ou não [...]

Art. 5º A publicidade profissional permite a utilização de anúncios, pagos ou não, nos meios de comunicação não vedados pelo art. 40 do Código de Ética e Disciplina [...]

§ 3º É permitida a participação do advogado ou da advogada em vídeos ao vivo ou gravados, na internet ou nas redes sociais, assim como em debates e palestras virtuais, desde que observadas as regras dos arts. 42 e 43 do CED, sendo vedada a utilização de casos concretos ou apresentação de resultados.

Como você pode ver, a OAB permite que façamos nosso marketing. Basta utilizar a criatividade e investir cada vez mais no "marketing de conteúdo" – isso é tudo o que fazemos para atrair clientes todos os dias ao nosso escritório.

Portanto, se você era desse time que tinha medo da OAB, relaxe! O marketing não é um problema, existem diversas formas de falar sobre seus serviços e atrair novos clientes.

RESISTÊNCIA À INOVAÇÃO

Tenho um amigo advogado, chegando perto dos 40 – jovem, ainda! – que insiste em usar o Excel para tudo: controlar leads, clientes, finanças. Nada contra o Excel, claro. É melhor controlar no papel de pão do que não controlar nada. Mas, convenhamos: já deu, né? O Excel foi incrível no passado, mas hoje está ultrapassado.

Enquanto ele se apega ao Excel, o mercado já oferece uma infinidade de alternativas que tornam a gestão muito mais fácil, prática e intuitiva. Existem sistemas integrados – em inglês, Enterprise Resource Planning (ERP) – completos que reúnem todas as funções em uma única plataforma. E, se você prefere algo mais segmentado, há sistemas específicos para cada área, com interfaces simples e recursos que realmente otimizam o trabalho do dia a dia.

Mais do que organizar processos, essas ferramentas oferecem insights valiosos, ajudam na tomada de decisões estratégicas e liberam seu tempo para focar o que realmente importa: crescer e prosperar em seu negócio. A tecnologia está aqui para nos ajudar, e não aproveitar essas facilidades é como escolher andar a cavalo em uma rodovia em vez de dirigir um carro.

Isso tudo reflete uma desconexão com a realidade atual. O mundo mudou – e a forma como os advogados trabalham também. Hoje, precisamos usar a tecnologia para assumir as tarefas operacionais, liberando tempo e energia para pensar estrategicamente sobre o futuro de nosso negócio.

A advocacia moderna exige que estejamos atentos às mudanças. Se você ainda está agarrado ao Excel ou a ferramentas ultrapassadas, talvez seja hora de repensar sua abordagem. Ajustar o foco e modernizar a estratégia pode ser o divisor de águas entre ficar preso ao operacional ou evoluir para o estratégico.

Falando em tecnologia, quero chamar sua atenção para duas empresas que poderão ajudá-lo no dia a dia: o ADVBOX[18] e o ChatGuru.[19]

---

[18] ADVBOX. Disponível em: www:advbox.com.br/software-juridico. Acesso em: 25 fev. 2025.

[19] CHATGURU. Disponível em: www.chatguru.com.br. Acesso em: 25 fev. 2025.

A REVOLUÇÃO DA NETFLIX

No final dos anos 1990, a Netflix era apenas mais uma locadora de DVDs, competindo em um mercado saturado, dominado por gigantes como a Blockbuster. À primeira vista, parecia uma empresa comum, com um modelo de negócio que dependia de aluguel e envio de DVDs por correspondência. No entanto, Reed Hastings, CEO da Netflix, tinha algo inexistente na maioria das empresas do setor: **consciência empresarial**. Ele não se contentava com o *statu quo* e enxergava o mercado além do óbvio. Em vez de apenas disputar uma fatia do mercado, Hastings decidiu criar o futuro, investindo em um modelo de negócio revolucionário: o streaming digital.

Ao analisar profundamente o mercado, Hastings percebeu que o comportamento do consumidor estava mudando. As pessoas buscavam comodidade, personalização e experiências mais ágeis. A locação de DVDs, por mais eficiente que fosse, não atenderia a essas demandas no longo prazo. Foi então que ele tomou uma decisão ousada: investir pesado no streaming, mesmo quando a tecnologia de banda larga ainda era limitada.

Essa aposta, que parecia arriscada na época, não só transformou a Netflix em uma referência global, mas também revolucionou toda a indústria do entretenimento. Hastings abandonou o operacional e adotou uma visão estratégica de longo prazo, focada em compreender as necessidades do cliente e prever tendências.

O case da Netflix nos mostra que ser especialista em algo não é suficiente. A empresa tinha uma operação bem-sucedida no aluguel de DVDs, mas foi a capacidade de Hastings de entender o mercado, inovar e criar uma experiência única para os consumidores que levou a Netflix ao sucesso. Esse movimento não aconteceu sem desafios. Houve resistência dentro da empresa e críticas externas que apontavam o streaming como uma aposta arriscada. Mas Hastings sabia que, para crescer e se destacar, precisava olhar além do operacional e adotar uma mentalidade que unisse paixão, estratégia e inovação.

Você sabia que a Blockbuster teve a oportunidade de comprar a Netflix por cerca de 50 milhões de dólares?[20] Em uma reunião realizada no início dos anos 2000, Reed Hastings, cofundador da Netflix, propôs à Blockbuster que comprasse a startup, que na época ainda trabalhava com aluguel de DVDs por correspondência. No entanto, o CEO da Blockbuster, John Antioco, riu da proposta e considerou o modelo de negócios da Netflix pouco promissor, acreditando que o futuro continuaria sendo das locadoras físicas.

Esse momento se tornou emblemático no mundo dos negócios, pois, anos depois, a Netflix não apenas revolucionou a indústria do entretenimento com o streaming, mas também se tornou uma gigante global avaliada em bilhões de dólares, enquanto a Blockbuster, que não conseguiu se adaptar às mudanças do mercado, declarou falência em 2010.

No setor jurídico, o aprendizado é claro: ser tecnicamente excelente não basta. Assim como a Netflix percebeu que oferecer filmes não era suficiente, os advogados precisam entender que dominar as leis é apenas parte do jogo. É preciso desenvolver uma visão estratégica para enxergar além do básico, compreender as necessidades do cliente e oferecer soluções personalizadas. Os advogados devem sair

---

[20] GUARALDI, B. Blockbuster podia comprar Netflix por US$ 50 mi, mas CEO considerou piada. **Exame**, 8 nov. 2021. Disponível em: www.exame.com/pop/blockbuster-podia-comprar-netflix-por-us50-mi-mas-ceo-considerou-piada. Acesso em: 11 jan. 2025.

do operacional e adotar uma postura de liderança empresarial, posicionando-se como referência no nicho em que atuam. O futuro da advocacia não está em fazer o que todos fazem, mas em criar um diferencial claro e relevante que realmente impacte o cliente.

3

CHEGOU A HORA DE VOCÊ CRESCER NA ADVOCACIA!

"A excelência não é um feito, mas um hábito.
Nós somos o que fazemos repetidamente."
– Aristóteles[21]

Nem sempre percebemos o quanto uma ideia simples pode ser transformadora. Foi durante uma conversa com meu sócio, Murylo, que tive esse estalo. Até então, eu achava que estava no caminho certo, compartilhando o que sabia e ajudando outros advogados com base em minha experiência. Mas ele me fez enxergar algo que eu nunca havia considerado – algo que poderia organizar, potencializar e até revolucionar o que eu já fazia: consolidar todo o conhecimento adquirido na prática em uma metodologia didática e replicável. Assim, poderia alcançar e ajudar ainda mais profissionais que estavam enfrentando problemas que eu já havia enfrentado.

Se você chegou até aqui, é porque provavelmente é um deles, sente na pele muitas das frustrações que apresentei, e agora está determinado a mudar as coisas e alcançar um resultado diferente.

A boa notícia é que existe, sim, um caminho para reverter esse cenário, mas ele exige que você esteja disposto a ajustar sua mentalidade, abraçar novas estratégias e sair da zona de conforto. Se

---

[21] DURANT, W. **The Story of Philosophy:** the Lives and Opinions of the World's Greatest Philosophers. New York: Simon & Schuster, 1926. Tradução nossa.

você topar o desafio, o crescimento que você tanto deseja está mais perto do que imagina.

E, para guiá-lo nesse processo, desenvolvi o método **CRESCER**.

"Se você quer ser bem-sucedido, precisa aprender a estar confortável no desconforto. Faça o que for necessário, mesmo quando não tiver vontade."
– David Goggins[22]

Quero ser muito direto: este livro é para pessoas insatisfeitas com seu momento atual e dispostas a investir tempo, energia e esforço para atingir o sucesso que merecem. Eu estaria mentindo se dissesse que será fácil, mas acredite: é possível. É um método testado e validado por mim e muitos outros advogados e profissionais liberais de outras áreas.

O que separa quem alcança o extraordinário de quem permanece na média é o compromisso em usar o tempo para crescer, mesmo diante de agendas lotadas e desafios diários. Se você estiver disposto a sair da zona de conforto e se comprometer, eu garanto que este método pode transformar sua vida. O sucesso não é reservado somente para alguns poucos escolhidos; está disponível para todos aqueles que têm "fome" de buscá-lo, para quem tem coragem de dar saltos de fé e estão dispostos a pagar o preço.

Agora é o momento de decidir: vai continuar onde está ou vamos juntos construir seu sucesso?

---

[22] GOGGINS, D. **Nada pode me ferir.** Rio de Janeiro: Sextante, 2023.

O método CRESCER é uma abordagem prática e direta para que você possa transformar sua advocacia em um negócio lucrativo e sustentável. Cada letra desse acrônimo representa um passo importante a ser seguido para atingir o sucesso na advocacia. Esses passos, juntos, formam uma estratégia completa para que você possa sair da estagnação e se destacar no mercado.

Segundo o livro *A estratégia do oceano azul*, "a chave para um oceano azul é criar novas oportunidades de demanda em áreas inexploradas, onde a concorrência se torna irrelevante".[23] Isso significa que, em vez de lutar contra outros advogados em um mercado saturado, você deve se concentrar em identificar nichos ou problemas pouco explorados, onde pode oferecer algo único e de valor.

Por isso, vou guiá-lo pelos sete passos a seguir, para que você possa realmente CRESCER na advocacia:

1. Conheça seu nicho e sua persona.
2. Revele seu valor por meio de conteúdo.
3. Engaje e crie relacionamentos.
4. Seja referência.
5. Converta contatos em contratos.
6. Estruture um negócio sustentável.
7. Resultados e melhoria contínua.

Ao seguir essa metodologia, você definirá seu público, entenderá a melhor forma de se comunicar com ele a partir do marketing de

---

[23] KIM, W. C.; MAUBORGNE, R. **A estratégia do oceano azul:** como criar novos mercados e tornar a concorrência irrelevante. Rio de Janeiro: Elsevier, 2019.

conteúdo, construirá um posicionamento inabalável como autoridade no mercado e transformará tudo isso em resultados, promovendo um crescimento exponencial e contínuo para seu negócio. Mais do que um advogado especialista, aqui você encontrará as ferramentas de que precisa para se tornar um grande empresário, com visão no longo prazo e foco em inovação.

CRESCER COMO A STARBUCKS

Sob a liderança de Howard Schultz, a Starbucks é um excelente exemplo de como foco, inovação e visão estratégica podem transformar uma empresa comum em um fenômeno global. Schultz, mais do que um CEO, se tornou o rosto da marca, um influenciador corporativo que moldou a cultura da empresa e criou uma conexão emocional com os clientes. Sua liderança, combinada com uma comunicação estratégica e focada em propósito, está alinhada aos princípios do método CRESCER.

1. Conheça seu nicho e sua persona

Quando Howard Schultz assumiu a Starbucks, ele percebeu que seu nicho era formado não apenas por pessoas que compravam café, mas também por aquelas que buscavam um "terceiro lugar" – um espaço entre o trabalho e a residência para relaxar e se conectar. Ele identificou a persona ideal e moldou o ambiente, os produtos e o atendimento para atender às expectativas desse público. Essa compreensão profunda do público-alvo permitiu que Schultz reposicionasse a marca e criasse uma experiência única.

2. Revele seu valor por meio de conteúdo

Schultz utilizava diversos canais, incluindo redes sociais, entrevistas e palestras, para comunicar os valores e a missão da Starbucks. Embora não fosse um "CEO Influencer", como Elon Musk, ele compartilhava mensagens que reforçavam o compromisso da marca com sustentabilidade, inclusão e impacto social. Sua presença digital era moderada, mas estratégica, reforçando a imagem da Starbucks como uma empresa que oferecia, mais do que café, propósito e conexão.

3. Engaje e crie relacionamentos

A Starbucks investiu muito em engajamento, desde o treinamento dos baristas para oferecer um atendimento personalizado até a criação de programas de fidelidade. Schultz sabia que a lealdade não vinha apenas do produto, mas da experiência e do relacionamento com o cliente. Além disso, a comunicação em redes sociais era usada para promover iniciativas, responder a clientes e reforçar o vínculo emocional com o público.

4. Seja referência

Sob a liderança de Schultz, a Starbucks se tornou mais que uma cafeteria. Estabelecida como sinônimo de experiência e qualidade, a empresa redefiniu o mercado, introduzindo tendências como bebidas personalizadas e ambientes acolhedores, e consolidou sua posição como líder absoluta no setor.

5. Converta contatos em contratos

A Starbucks foi além das interações presenciais, com iniciativas digitais como o Starbucks Rewards. Esse programa de fidelidade converteu milhões de usuários em clientes recorrentes ao oferecer benefícios personalizados. Schultz entendeu que, ao alinhar tecnologia e dados, era possível otimizar as vendas e fortalecer a retenção de clientes.

6. Estruture um negócio sustentável

Sob a liderança de Schultz, a empresa construiu uma base robusta, focada em eficiência operacional, gestão financeira e retenção de clientes. Ele implementou estratégias para garantir que o crescimento fosse escalável e consistente, priorizando o equilíbrio entre inovação, atendimento de qualidade e eficiência. Esse foco permitiu à Starbucks consolidar sua posição como líder de mercado, mantendo-se preparada para enfrentar desafios e aproveitar oportunidades em longo prazo.

7. Resultados e melhoria contínua

Schultz estabeleceu uma cultura de melhoria contínua, incentivando inovação em todas as áreas da empresa. Mesmo com o sucesso global, ele não se acomodou, ajustando estratégias com base em feedback e dados para garantir que a Starbucks permanecesse relevante em mercados altamente competitivos.

Assim como Schultz entendeu que a Starbucks vendia uma experiência, advogados precisam ir além do operacional e entender que oferecem mais do que serviços jurídicos. Eles vendem confiança, soluções e conexões emocionais. Conhecer profundamente seu cliente, posicionar-se como referência em um nicho e engajar com autenticidade são os passos que diferenciam escritórios que sobrevivem daqueles que prosperam. No fim, o que transforma o bom no excelente é a capacidade de se adaptar, inovar e se conectar com o público de maneira consistente e estratégica. Você está pronto para dar o primeiro passo?

4

CONHEÇA SEU NICHO E SUA PERSONA

"Não basta satisfazer clientes. É preciso encantá-los." – Philip Kotler[24]

É justamente essa parte que muitos empresários não entendem. *Por que vou atender apenas um público se posso atender vários?* Aqui mostrarei a importância de se especializar e ter foco, por isso o primeiro passo do método CRESCER é tão fundamental para estruturar sua advocacia de maneira diferenciada e competitiva. Neste capítulo, vamos nos aprofundar na importância de conhecer seu nicho de mercado e, mais importante ainda, entender quem é sua persona.

Pense no advogado que atende vários ramos da advocacia. Se alguém tem um problema jurídico, é difícil lembrar dessa pessoa, pois ela não é especialista, o que acaba confundindo seu possível cliente.

Isso acontece conosco todos os dias. Por exemplo, quando você tem um problema de visão, quem você procura: um clínico geral ou um oftalmologista? Tenho certeza de que a depender do problema você procura o melhor oftalmologista de sua cidade, certo? Assim também acontece na advocacia; é preciso entender muito bem as necessidades específicas de seu cliente para que ele tenha confiança em procurá-lo.

---

[24] KOTLER, P. **Administração de marketing.** São Paulo: Prentice Hall, 2000.

A lição é clara: você pode encher sua advocacia de "leads"[25] – tentar atender todo tipo de cliente, sem critério, sem filtro, sem direção – e, ainda assim, nunca será uma autoridade na advocacia. Ou pode decidir fazer diferente: escolher um nicho, entender do que seu cliente ideal realmente precisa e dedicar toda sua energia para atendê-lo de maneira única e especial.

Esse é o momento de identificar em qual ramo do Direito você deve investir sua energia – e como fazer isso de maneira correta. Porque você só verá resultados reais quando entender profundamente seu nicho e sua persona. Vamos juntos nessa caminhada, e eu prometo: quando se tornar autoridade em seu ramo da advocacia, você entenderá que todo o esforço valeu a pena.

No cenário jurídico atual, com tantos advogados no mercado, ser especialista faz toda a diferença; pois, quanto mais focado você for, mais chances terá de conquistar uma posição de destaque. Quanto mais você se aprofunda no nicho, mais autoridade constrói, e é essa autoridade que atrai os clientes certos, dispostos a pagar (muito bem) por seu serviço especializado.

COMO SE TORNAR UMA AUTORIDADE NA ADVOCACIA?

O primeiro passo para se tornar uma autoridade é definir seu nicho de mercado. Você pode escolher um ramo do Direito; ou, se quiser

---

[25] *Leads* são potenciais clientes que demonstraram interesse em um produto ou serviço, fornecendo informações de contato. Eles representam a primeira etapa do funil de vendas, com potencial para se tornarem clientes efetivos.

ir mais a fundo, pode escolher o ramo do Direito e o segmento do mercado a ser atendido. Exemplos: Direito Tributário para empresas do e-commerce ou Direito Tributário para empresas do segmento *food services* (adapte os exemplos à sua realidade). O verdadeiro diferencial está em escolher um segmento específico de clientes que você atenderá, com desafios e problemas que você conheça detalhadamente.

Especializar-se em um nicho significa especializar-se nas dores e necessidades daquele grupo de clientes, destacando-se entre a multidão de advogados generalistas que competem por um mercado saturado. O nicho certo faz com que você se torne indispensável para seu público-alvo, pois será reconhecido como o advogado que realmente entende o problema e tem a solução perfeita.

Lembro-me bem de quando estava visitando minha filha em Portugal e recebi uma mensagem de um advogado que precisava falar comigo sobre mentoria de marketing. Marcamos um horário para conversar, e ele logo expôs sua preocupação: não estava conseguindo atrair potenciais clientes pelas redes sociais.

Curioso para entender o contexto, perguntei a especialidade de seu escritório. Ele respondeu que era *full service*, ou seja, atendia vários ramos do Direito. Diante disso, questionei para qual área específica ele estava criando conteúdo nas redes sociais. Sua resposta foi direta, mas reveladora: todos os ramos!

Essa postura exemplifica um dos erros mais comuns entre advogados que tentam se posicionar no mercado digital. Ao tentarem falar com todos, acabam não falando com ninguém. Redes sociais são ferramentas poderosas, mas exigem foco e estratégia. Um conteúdo genérico não cria conexão, não transmite autoridade em um nicho específico e, consequentemente, não atrai o cliente certo.

COMO ESCOLHER O NICHO CERTO

Escolher o nicho certo é uma das decisões mais importantes quando se trata de construir seu escritório, pois não apenas define o tipo de cliente que você atenderá, mas também determina sua trajetória no mercado jurídico. Para isso, é necessário considerar três fatores fundamentais: paixão, habilidade e demanda de mercado ou viabilidade financeira. O equilíbrio entre essas variáveis é o que transforma um nicho comum em uma oportunidade de ouro.

Se você tem sócios, inclua-os nessa discussão. Não se trata de uma escolha somente técnica; é uma decisão estratégica que pode ser o divisor de águas entre se manter no oceano vermelho da advocacia – onde a competição é alta e os serviços são vistos como commodities – ou nadar no oceano azul, um espaço de oportunidades únicas, com menos concorrência e mais valorização para quem sabe se posicionar. Poucos advogados conhecem ou navegam verdadeiramente por esse oceano azul, e essa é sua chance de explorar essa imensidão de oportunidades.

O primeiro ponto a considerar envolve **paixão e habilidades**. Quais áreas do Direito despertam seu interesse? Que tipos de casos você gosta de resolver? E, mais importante: quais de suas habilidades podem ser aplicadas a um segmento específico? Escolher um nicho apenas por razões financeiras, sem afinidade ou competência, pode até gerar resultados no curto prazo, mas, em médio e longo prazo, gerará desgaste e insatisfação. Trabalhar com algo que você domina e de que gosta não é apenas uma questão de satisfação pessoal; é essencial para construir resultados consistentes e sustentáveis.

O segundo ponto é avaliar a **demanda de mercado**. Há de fato procura por serviços especializados no nicho que você escolheu? Pesquisar o mercado é indispensável para entender o comportamento dos potenciais clientes e identificar áreas de necessidade real. Sem demanda, mesmo o advogado mais competente encontrará dificuldades para se sustentar. Analise se há um público suficiente que busca e valoriza o serviço que você deseja oferecer. Caso contrário, você estará sempre lutando contra a maré.

Por fim, avalie a **viabilidade financeira**. Pergunte-se: esse nicho tem clientes dispostos a pagar por meus serviços? Nem toda demanda gera retorno financeiro suficiente para sustentar o crescimento de seu escritório. Vou dar um exemplo: Direito Tributário para chaveiros. Nada contra a classe – longe disso –, mas, sejamos realistas, é um mercado que tende a encolher devido aos novos formatos de fechaduras e sistemas de segurança digital. Além do mais, o faturamento, nesse caso, dificilmente compensa – nem para o cliente, nem para o advogado.

Entender o comportamento financeiro do público-alvo é fundamental para evitar frustrações futuras. Lembre-se de que a escolha do nicho não deve apenas cobrir as despesas; ela deve permitir que você escale e expanda o negócio.

Ao encontrar o equilíbrio entre essas três variáveis, você estará definindo a fundação para um futuro de sucesso no mercado jurídico. Essa é a oportunidade de transformar um segmento específico em um diferencial competitivo que poucos conseguem explorar.

Para exemplificar, a seguir apresento um caso real de um amigo que conseguiu se destacar em um verdadeiro oceano azul da advocacia, um nicho extremamente promissor: Direito Digital e Fraudes On-line. O escritório José Milagre Advocacia[26] é especializado em áreas como crimes cibernéticos, criptomoedas, reputação on-line e Lei Geral de Proteção de Dados (LGPD). Essas especializações fazem parte do campo do Direito Digital, que regula as relações e interações

---

[26] JOSÉ MILAGRE. Instagram: @dr.josemilagre. Disponível em: www.instagram. com/dr.josemilagre/. Acesso em: 10 fev. 2025.

nos ambientes virtuais e com as novas tecnologias. Esse ramo envolve normas, princípios e conhecimentos específicos que regem questões digitais. Em um cenário de constante transformação tecnológica, impasses surgem frequentemente, gerando perdas e danos significativos, o que exige um trabalho jurídico altamente qualificado.

A missão do escritório é clara: representar clientes com excelência em questões jurídicas relacionadas a tecnologia, segurança da informação, proteção de dados, contratos, compliance e crimes cibernéticos. Seja de maneira consultiva ou contenciosa, o foco é oferecer soluções jurídicas eficazes com alta especialização.

O dr. José Milagre é frequentemente chamado para participar de entrevistas em canais de televisão, podcasts, rádios e outras mídias. Ele construiu uma reputação sólida em um nicho muito específico, no qual poucos advogados têm real expertise. Isso lhe permitiu se posicionar como uma autoridade no tema, tornando-se uma referência indispensável no mercado.

Enquanto muitos advogados competem em mercados saturados, o dr. José Milagre está nadando de braçada no oceano azul jurídico, explorando um espaço de alta demanda e baixa concorrência. Sua trajetória é a prova de que, com especialização, estratégia e posicionamento correto, é possível transformar um nicho promissor em um negócio altamente bem-sucedido.

POR QUE (E COMO) DEFINIR UMA PERSONA?

Após definir um nicho estratégico, o próximo passo é entender profundamente quem é o cliente ideal nesse nicho. É aqui que entra a criação de personas, uma das ferramentas mais poderosas para transformar sua comunicação e suas estratégias de marketing. Enquanto o nicho define o ramo de atuação, a persona aprofunda a visão sobre quem exatamente você deseja atrair e atender. Infelizmente, em quase todas as palestras que ministro sobre marketing, vejo que muitos advogados não sabem o que é uma persona. E, mesmo quando explico, alguns acreditam que não seja algo tão importante assim. Mas a verdade é que a persona é a base de toda comunicação clara e eficaz. Sem ela, sua mensagem será genérica, desconectada e pouco eficiente. Afinal, se você não sabe com quem está falando, como pode esperar criar conexão ou engajamento?

Criar personas exige atenção a detalhes e uma abordagem estratégica. No livro *Unbound marketing*, de Rafael Kiso,[27] a criação de personas é tratada como uma etapa essencial para desenvolver estratégias eficazes de marketing digital e gerar conteúdos que conectam e convertem.

O segredo para definir sua persona é ser específico, e o primeiro passo é coletar dados reais sobre os clientes atuais e potenciais, seja por meio de pesquisas, entrevistas, feedbacks e ferramentas como Google Analytics ou redes sociais, para identificar padrões de comportamento, preferências e necessidades. Quanto mais dados reais você tiver, mais precisa será sua persona.

Com as informações coletadas, é hora de criar a representação fictícia de seu cliente ideal, humanizá-lo, pensando em características como nome, idade, gênero, profissão, renda e localização. Reflita também sobre dores e desafios que essa persona enfrenta e que você pode ajudar a resolver; as objeções que poderiam impedir sua contratação;

---

[27] KISO, R. **Unbound marketing:** como construir uma estratégia de marketing digital exponencial. São Paulo: Gente, 2021.

os hábitos e as preferências; como consome conteúdo; quais canais utiliza; o que valoriza etc.

Você pode estar pensando que isso é um exagero, desnecessário, uma perda de tempo. E a verdade é que muitos profissionais pensam assim. Mas definir essa persona de maneira tão específica permitirá a você entender exatamente como deve se comunicar com ela, e isso faz toda a diferença no engajamento do público e, posteriormente, em sua conversão de cliente.

Por exemplo, um escritório que atua em Direito Digital, sobretudo com empresárias de e-commerce, poderia definir sua persona da seguinte forma: Ana, 35 anos, gestora de e-commerce, com uma remuneração mensal de 10 mil reais, mora em São Paulo, no bairro de Perdizes. O maior desafio dela, hoje, é adequar a empresa à LGPD, evitando multas e garantindo a proteção dos dados dos clientes. Para resolver essa questão, ela precisa de um escritório de advocacia especializado em Direito Digital.

Como dedica algumas horas do dia ao Instagram, Ana está sempre de olho em conteúdos que possam ajudá-la a encontrar alguém capaz de solucionar esse problema. Ela já viu alguns materiais sobre o assunto, mas achou tudo muito técnico e pouco acessível; além disso, a biografia de quem produziu esses conteúdos não inspirou confiança. Por ser a primeira vez que precisa contratar um serviço jurídico nessa área, Ana está sendo extremamente criteriosa: quer um profissional que transmita segurança e demonstre profundo conhecimento no tema. Afinal, se conseguir resolver essa questão de modo eficaz, há uma grande chance de ser promovida.

Ao produzir conteúdo para uma persona específica, como a Ana, esse escritório consegue pensar em cada detalhe da comunicação –

referências, plataforma, identidade visual, vocabulário – dentro de seu universo de conhecimento. Ana, nossa empresária do e-commerce, provavelmente trabalha com uma equipe reduzida, já que negócios desse tipo tendem a ser mais enxutos. Portanto, dores relacionadas à gestão de pessoas, como proteção de dados de funcionários, dificilmente serão sua prioridade. Faz sentido, né?

Por outro lado, por estar na faixa dos 30 anos, Ana é antenada, conectada com *trends* e sempre aberta a conteúdos inovadores e dinâmicos. Isso significa que sua comunicação deve refletir isto: linguagem ágil, formatos criativos e presença nas redes sociais mais interativas, como Instagram e TikTok. Esse é o território dela!

Agora, imagine uma persona completamente diferente: o Marcelo, sócio de uma construtora, homem de meia-idade, com uma realidade bem distinta. Para ele, dores relacionadas à gestão de pessoas são reais e relevantes, afinal, no ramo da construção civil, é comum lidar com uma equipe mais robusta. Além disso, o Marcelo, por seu perfil, talvez não esteja tão presente em redes de *timeline* infinita, mas pode ser um ávido consumidor de conteúdos no LinkedIn, onde sua presença profissional faz mais sentido.

Percebe a diferença? Cada persona exige uma abordagem única, porque sua comunicação só será eficaz se você "falar a mesma língua" de quem quer atingir. No fim das contas, a definição de sua persona é o que vai nortear cada palavra, cada imagem e cada estratégia que você criar. Pense sempre em quem você está tentando alcançar – e produza conteúdo que realmente faça sentido para ele ou ela. Afinal, é disto que se trata: criar conexões que transformam contatos em clientes.

MINIQUESTIONÁRIO PARA CRIAR SUA PERSONA

Para ajudá-lo no processo de definição e criação de sua persona, a seguir apresento um questionário com quinze perguntas essenciais que o guiarão neste momento. Responda cada uma delas com atenção e pensando em sua persona:

1. Qual é seu nome fictício?

2. Qual é sua idade e seu gênero?

3. É casado ou solteiro?

4. Qual é sua ocupação e seu setor de atuação?

5. Qual é sua renda mensal ou anual aproximada?

6. Onde a persona mora ou trabalha (cidade/região)?

7. Quais são os principais desafios ou problemas que enfrenta relacionados ao seu nicho?

8. Quais são os objetivos que deseja alcançar com sua ajuda?

9. Que tipo de conteúdo ou informação a persona busca para resolver seus problemas?

10. Quais redes sociais ou plataformas a persona mais utiliza para buscar informações?

11. Que tipo de linguagem ou abordagem a persona prefere (formal, informal, técnica, simples)?

12. Quais objeções ou barreiras essa persona pode ter antes de contratar seus serviços?

13. Ela já contratou serviços semelhantes antes? O que achou da experiência?

14. Que valores ou princípios são importantes para essa persona ao escolher um profissional jurídico?

15. Como sua solução pode transformar a vida ou o negócio dessa persona?

A PERSONA É O QUE TRANSFORMA UMA MENSAGEM EM UMA CONVERSA DIRECIONADA.

FAÇA DIREITO, FAÇA DINHEIRO
@alexandresilva_adv

Sem uma persona bem-definida, sua comunicação corre o risco de ser genérica, desconexa e ineficaz. A persona é o que transforma uma mensagem em uma conversa direcionada, cria conexão e, sobretudo, gera conversões. Quando você sabe exatamente quem é seu cliente ideal, fica mais fácil oferecer aquilo de que ele precisa, no momento certo e da maneira certa.

Portanto, como reforça Rafael Kiso, em *Unbound marketing*, a persona é o elo essencial entre sua estratégia e o cliente que você deseja atingir. Ela conecta o nicho escolhido com as pessoas que realmente precisam de seus serviços. Com personas bem-definidas, cada conteúdo, campanha ou ação ganha um propósito claro e resultados reais. Não subestime essa ferramenta; ela pode transformar o futuro de seu escritório.

Durante o processo de pesquisa para definir o cliente ideal de nosso escritório, identificamos muitas características de uma cliente chamada Kátia. No entanto, como sabíamos que nossa persona pertence ao gênero masculino, adaptamos o nome para Kátio. Esse detalhe representa como nossas personas nascem de uma análise cuidadosa de padrões e comportamentos reais, conectando dados coletados com os objetivos do escritório.

Essa definição não é apenas um exercício teórico; ela se reflete diretamente na maneira como nos comunicamos. É muito comum recebermos clientes pela primeira vez e ouvirmos algo como: "Nossa, assisti ao vídeo 'X' de vocês, e parecia que estavam falando diretamente comigo! Só faltou vocês falarem meu nome". E, de certa forma, eles estão certos. Estávamos falando com o Kátio.

Conhecemos tão bem as dores, os desejos e as necessidades dele que nossas mensagens atingem profundamente nossos potenciais clientes. Essa identificação não é acidental; ela é o resultado direto de entender quem é a persona e como ela pensa. Mas a conexão vai além dos conteúdos digitais. Os "Kátios" são meus amigos. É incrível perceber o engajamento gerado por nossa comunicação estratégica quando encontro potenciais clientes pessoalmente.

Certa vez, eu estava em Portugal, na fila da imigração, quando um rapaz se aproximou e disse:

— E aí, dr. Alexandre, tudo bem?

Confesso que fiquei surpreso, mas estendi a mão e perguntei:

— De onde a gente se conhece?

Ele deu uma boa risada e respondeu:

— Você não me conhece, mas eu te conheço dos vídeos do Instagram.

Tiramos fotos, trocamos contatos e, desde então, já fiz duas reuniões com a empresa que ele representa, e estou confiante de que vamos fechar o primeiro contrato antes mesmo de publicar este livro.

Essas interações, sejam virtuais ou presenciais, não acontecem por acaso; elas refletem nossa comunicação estratégica, centrada na persona. Conhecer profundamente o Kátio nos permite criar conteúdos que não só atraem atenção, mas também geram identificação e confiança. É essa conexão genuína que transforma potenciais clientes em parceiros de longo prazo.

FATOR ADAPTABILIDADE

É importante lembrar que definir um nicho e construir sua persona é um processo dinâmico. O mercado jurídico está em constante mudança, e parte do sucesso está na capacidade de se adaptar rapidamente.

O que funciona hoje pode não funcionar amanhã.

Por isso, é importante errar rápido e corrigir ainda mais rápido. Se perceber que o nicho escolhido não oferece mais as mesmas oportunidades, não hesite em fazer ajustes. Analise novas tendências, estude o comportamento do mercado e busque áreas em que sua expertise possa ser aplicada de maneira estratégica. **Flexibilidade é tão importante quanto foco**.

Seja estratégico, persistente e esteja sempre disposto a evoluir conforme o mercado muda. O crescimento sustentável na advocacia começa com a especialização e a disposição para se reinventar. Este é apenas o começo de sua jornada rumo ao sucesso no mercado jurídico.

PLANO DE AÇÃO:
ESCOLHA SEU NICHO E CONSTRUA SUA PERSONA

Agora é hora de colocar em prática o aprendizado. Pare por um instante e reflita com calma sobre a escolha de seu nicho e a construção de sua persona. Não tenha pressa – essa etapa é fundamental, pois será a base que orientará todos os outros planos de ação daqui para a frente. Se você tiver sócios, envolva-os nesse processo. Afinal, vocês definirão juntos nada menos que o futuro de seu escritório. Dedique o tempo necessário para que essa decisão seja bem fundamentada e estratégica.

FLEXIBILIDADE É TÃO IMPORTANTE QUANTO FOCO.

FAÇA DIREITO, FAÇA DINHEIRO
@alexandresilva_adv

5

REVELE SEU VALOR POR MEIO DE CONTEÚDO

"Não se trata mais do que você sabe, mas de quem você pode alcançar e como pode se conectar com essas pessoas." – Seth Godin[28]

Com nicho e persona bem-definidos, o próximo passo essencial para transformar sua advocacia em um negócio de sucesso é mostrar-se para eles; para isso, você precisará construir um posicionamento, seja on-line ou off-line. Mas saiba que as potencialidades do modelo on-line são bem maiores, pois este permite impactar muito mais pessoas em um curto espaço de tempo.

A verdade é que, no século XXI, as regras do jogo mudaram. Aquele advogado que confiava unicamente no "boca a boca", nas indicações e em sua reputação local já não consegue mais alcançar o crescimento exponencial que deseja. O mercado evoluiu, e a forma como você se relaciona com seus clientes e parceiros precisa evoluir também.

Para isso, você precisa estar onde seus clientes estão – e, hoje em dia, em muitos casos, é no mundo digital. Mas não se engane: estar em vários canais não significa apenas criar perfis em redes sociais e esperar que os clientes venham até você. É preciso ter estratégia, consistência e, acima de tudo, relacionamento genuíno. Vamos explorar isso em detalhes ao longo deste capítulo.

---

[28] GODIN, S. **Tribes:** we need you to lead us. New York: Portfolio, 2008. Tradução nossa.

O *HYPE* DOS CEOS INFLUENCERS

Os tempos mudaram. O cliente moderno está digitalmente conectado e utiliza a internet para pesquisar, comparar e até escolher o advogado que contratará. Se você ainda está esperando que seus clientes cheguem até você pelos meios tradicionais, está perdendo terreno para colegas de profissão que já se encontram nas plataformas digitais.

Com o avanço das redes sociais e a digitalização do setor de serviços, o cliente jurídico, e de todos os setores, passou a ser mais exigente. Ele quer informações rápidas, acessíveis e, principalmente, quer saber quem você é antes mesmo de marcar uma reunião. Ele pesquisa sobre você, lê seus artigos, assiste a seus vídeos e analisa sua atuação em canais como LinkedIn, Instagram, YouTube e até mesmo TikTok. Isso significa que a presença digital é o cartão de visita mais poderoso atualmente.

Para aproveitar essa transformação, você precisa entender que essas redes sociais podem ser também os novos canais de aquisição e, por isso, é necessário se posicionar neles de modo estratégico. Ou seja, não se trata de postar conteúdo aleatoriamente, mas de construir um diálogo com seu público, responder às perguntas e mostrar que você é o advogado de que ele precisa. Se você quer fazer negócios por meio das redes sociais, trate as redes sociais como um negócio!

Você já deve ter notado o *hype* dos CEOs influencers, certo? De repente, eles estão em todos os lugares: redes sociais, eventos, podcasts, entrevistas. Mas o que aconteceu? Será que, de uma hora para outra, esses líderes decidiram que queriam ficar famosos? Claro que não. O que estamos vendo é uma estratégia de marketing muito bem-elaborada – e, mais importante, incrivelmente eficaz. Vivemos na era

SE VOCÊ QUER FAZER NEGÓCIOS POR MEIO DAS REDES SOCIAIS, TRATE AS REDES SOCIAIS COMO UM NEGÓCIO!

FAÇA DIREITO, FAÇA DINHEIRO
@alexandresilva_adv

da informação, na qual as pessoas querem conexão, transparência e, acima de tudo, autenticidade.

Elas não compram mais apenas produtos ou serviços; elas compram valores, experiências e histórias. Nesse cenário, os CEOs influencers surgem como os grandes narradores dessas histórias, transformando marcas em algo que se conecta com o público emocionalmente. Esses líderes entenderam uma coisa muito simples:

As pessoas se conectam com pessoas, não com empresas.

Mostrar o lado humano por trás de uma organização cria identificação, inspira confiança e torna o negócio mais acessível e atraente. Ser um CEO influencer é muito mais do que aparecer – é se posicionar, liderar com propósito e mostrar que existe um ser humano guiando aquela marca. O que está por trás dessa ascensão dos CEOs influencers é uma estratégia cuidadosamente planejada, que combina marketing, liderança e comunicação mirando alguns objetivos.

1. Humanizar a marca:

Colocar o rosto do CEO na linha de frente faz com que o público veja a empresa como algo mais do que um CNPJ. Ela passa a ter valores, missão e propósito claros, representados por alguém real.

2. Construir confiança:

Quando o CEO aparece publicamente e compartilha insights, experiências ou até mesmo desafios, ele cria uma ponte de transparência com o público. E confiança é a base de qualquer relacionamento – seja com clientes, investidores ou colaboradores.

3. Ampliar o alcance da mensagem:

CEOs influencers conseguem levar a mensagem da empresa muito além dos canais tradicionais. Seus perfis pessoais nas redes sociais, com um tom mais autêntico e engajador, atingem públicos novos e ajudam a consolidar a reputação da marca.

4. Atrair talentos e parcerias:

Empresas lideradas por CEOs influentes atraem os melhores profissionais e os parceiros certos. Afinal, quem não quer trabalhar para/com alguém que inspira e lidera pelo exemplo?

5. Gerar impacto nos negócios:

A influência do CEO tem um efeito cascata que atinge diretamente os resultados. A presença pública do líder não apenas fortalece a marca, mas também influencia decisões de compra e investimentos.

Você já tinha pensado sobre isso? Se ainda há dúvidas sobre a eficácia dessa estratégia, basta observar o impacto que alguns dos maiores CEOs influencers do Brasil e do mundo têm gerado.

Luiza Helena Trajano (Magazine Luiza) é um exemplo perfeito de como humanizar uma marca. Ela vai além de compartilhar informações sobre o negócio; fala de inclusão, empatia e transformação social. Essa conexão com o público não só fortalece o Magalu, mas também a posiciona como uma das empresárias mais admiradas do Brasil. O resultado? Uma marca associada a valores positivos e a uma liderança inspiradora.

João Adibe Marques (Cimed) usa sua energia empreendedora e visão estratégica para inspirar e conectar. Sua participação em eventos e redes sociais fortalece a imagem de uma empresa inovadora, próxima do público e conectada com as demandas do mercado. Isso aumenta o valor da marca e a relevância da empresa.

O que dizer de **Elon Musk**? Suas postagens não só movimentam bilhões de dólares em minutos, mas também fazem com que Tesla e SpaceX sejam vistas como empresas visionárias, lideradas por um gênio criativo. Musk mostra claramente como um CEO pode ser o maior ativo de marketing de uma marca.

Jeff Bezos (Amazon) é o exemplo perfeito de um CEO influencer estratégico. Com visão de longo prazo e foco no cliente, ele redefiniu o varejo global e inspirou uma geração de empreendedores. Mesmo com uma presença mais discreta nas redes sociais, cada movimento de Bezos – seja na Amazon, na Blue Origin ou na filantropia – reflete sua liderança visionária e molda debates sobre inovação, sustentabilidade e o futuro da humanidade. Bezos prova que influência se refere não apenas ao que você diz, mas também ao impacto do que você constrói.

MAS EU SOU ADVOGADO, ONDE EU ENTRO NISSO?

Assim como esses líderes empresariais, você também pode usar essas estratégias para se destacar. Ser um CEO influencer não significa buscar fama, mas se posicionar como autoridade, construir confiança e mostrar ao mercado o valor único que você oferece.

Na advocacia, essa abordagem é ainda mais poderosa. Por quê? Porque o mercado jurídico é tradicionalmente fechado e técnico, o que faz com que um advogado que se posiciona de maneira acessível e inspiradora se destaque rapidamente. Por isso, comece a construir sua presença digital, publique conteúdos relevantes e autênticos e mostre como você pode transformar a vida de seus clientes. Ser lembrado, admirado e confiável são os pilares para o sucesso em qualquer área.

A era dos CEOs influencers é muito mais do que um *hype*. É uma forma estratégica de liderar, conectar e inspirar. Os exemplos de Luiza Helena Trajano, Elon Musk e João Adibe Marques mostram que o impacto vai além da marca; ele toca pessoas, transforma mercados e gera resultados. Você, como advogado e CEO de seu escritório, tem a oportunidade de aplicar essa tendência e se posicionar como referência na advocacia.

Então, aqui está a pergunta: você está pronto para sair da sombra e reforçar sua autoridade? Porque o mercado não precisa de mais profissionais invisíveis – precisa de líderes que inspirem, eduquem e conectem. Que tal liderar o jogo?

COMO CONSTRUIR SUA AUTORIDADE

Agora que você já escolheu seu nicho e definiu a persona, o próximo passo é construir sua autoridade, se posicionar como uma referência no mercado e atrair clientes constantemente. Mas como fazer isso?

A resposta está no conteúdo. Hoje, mais do que nunca, os clientes buscam informações antes de contratar um advogado. Eles querem ter certeza de que estão escolhendo o profissional certo. E uma das maneiras mais eficazes de transmitir essa confiança é produzindo conteúdo relevante e direcionado. Para isso, você pode utilizar algumas estratégias.

1. Escreva artigos especializados:

Publique artigos em seu site ou em plataformas como o LinkedIn. Aborde temas que respondam às dúvidas frequentes de sua persona e demonstrem sua expertise. Artigos claros, objetivos e bem-fundamentados criam uma percepção imediata de credibilidade.

2. Crie vídeos explicativos:

Vídeos são formatos altamente consumidos e têm grande alcance. Compartilhe conteúdos como dicas jurídicas e explicações práticas sobre os problemas que você resolve. Essa estratégia permite que potenciais clientes o conheçam, criando uma conexão pessoal antes mesmo do contato direto.

3. Escolha suas plataformas:

O motivo de eu não sugerir nenhuma plataforma específica é simples: existem muitas opções enquanto escrevo este livro, mas, assim como elas surgem rapidamente, também podem desaparecer da noite para o dia. O mais importante é estar antenado às plataformas que mais fazem sentido para sua persona. Escolher a rede certa, aquela onde seu público está, faz toda a diferença.

4. Participe de eventos:

O conteúdo digital é poderoso, mas estar presente em eventos de seu nicho fortalece ainda mais sua autoridade. Participar de palestras, cursos e grupos de networking coloca seu nome em evidência no mercado.

5. Dê palestras e se envolva com a comunidade jurídica:

Compartilhar conhecimento em palestras ou workshops é uma das formas mais eficazes de construir sua reputação. Ao mostrar domínio de um tema específico, você não só atrai clientes como também ganha o respeito de outros profissionais.

6. Escreva um livro:

Escrever um livro é uma forma poderosa de um advogado consolidar sua autoridade e se destacar no mercado. Um livro não é apenas uma vitrine de conhecimento; ele posiciona você como uma referência na área, fortalecendo sua credibilidade e atraindo a confiança de clientes e colegas.

No Rebechi & Silva Advogados Associados, criamos uma série de vídeos e artigos sobre planejamento tributário, explicando de maneira prática como empresas podem economizar milhões de reais com estratégias legais. Esse conteúdo nos posicionou como autoridade no assunto, gerando resultados impressionantes em captação de clientes. A combinação de clareza, relevância e consistência fez toda a diferença.

Se há algo que quero que você tire deste capítulo é que o valor que você oferece como advogado não está apenas em suas habilidades técnicas, mas na maneira como você conecta pessoas ao seu conhecimento. Revelar seu valor é mostrar quem você é, como pensa e como pode transformar a vida de seus clientes. A advocacia de hoje exige mais do que presença – exige relevância. Cada post, artigo, vídeo ou palestra que você compartilha é uma peça do quebra-cabeça que constrói sua autoridade.

Então, vá em frente, explore, erre, aprenda e ajuste. Mas, acima de tudo, seja verdadeiro consigo mesmo. Porque a advocacia não precisa de mais perfis vazios; ela precisa de profissionais autênticos, humanos e dispostos a liderar com propósito. O palco está pronto, pode subir!

O PALCO ESTÁ PRONTO, PODE SUBIR!

FAÇA DIREITO, FAÇA DINHEIRO
@alexandresilva_adv

PLANO DE AÇÃO:
CRIE CONTEÚDOS
QUE GEREM LEADS E CONTRATOS

Passo 1: publique um vídeo relevante no TikTok.

- Tema: escolha um tema específico dentro do conteúdo no qual seu nicho e sua persona têm mais interesse.
- Exemplo: para o advogado que quer focar Direito de Família, temas possíveis são: "Quando é possível revisar a pensão alimentícia?" ou "Entenda a guarda compartilhada".
- Objetivo: atrair leads qualificados por meio de vídeos descontraídos e educativos no TikTok.
- Observação: embora o exemplo aqui seja sobre Direito de Família, recomendo a você adaptar o plano de ação com base em seu nicho e sua persona (qualquer dúvida, compartilhe conosco no grupo do WhatsApp).

Passo 2: ofereça algo gratuito para conseguir leads qualificados.

- Exemplo: na bio do TikTok, deixe o link de seu WhatsApp e a indicação de que a pessoa pode receber um e-book gratuito e mais aprofundado sobre o tema do vídeo. Dessa forma, você terá o contato dela para oferecer reuniões virtuais.
- Meta: capturar trinta leads em trinta dias.

Passo 3: realize consultas iniciais.

- ◆ Ação: agende reuniões virtuais de trinta minutos com dez pessoas que receberam os e-books gratuitos.
- ◆ Objetivo: identificar oportunidades e demonstrar valor ao cliente.

Passo 4: ofereça serviços de acompanhamento jurídico em questões relacionadas ao tema escolhido.

- ◆ Meta: fechar três contratos no ciclo.

Repita semanalmente esse ciclo para aumentar a frequência e escalar os resultados, otimizando conteúdos com base no engajamento. A frequência é fundamental. Crie o hábito de publicar conteúdo diariamente – consistência é o que diferencia quem se torna referência no mercado de quem é apenas mais um.

6

ENGAJE E CRIE RELACIONAMENTOS

"A comunidade é aquela que nos sustenta, que nos dá um sentimento de pertencimento e nos permite crescer juntos." – bell hooks[29]

Engajar e converter clientes é a essência de qualquer negócio, e com a advocacia não é diferente. Se até agora você aprendeu como se posicionar e criar uma presença forte em canais on-line e off-line, o próximo passo é transformar esses contatos e leads em clientes reais, como você já começou a fazer no último Plano de Ação.

No entanto, esse processo de conversão não é tão simples assim, pois envolve várias etapas que vão desde a criação de uma comunidade engajada até a nutrição de leads que ainda não estão prontos para tomar uma decisão. Vamos ver como cada uma dessas etapas contribui para engajar seu público, construir relacionamentos e, finalmente, converter leads em clientes.

O PODER DAS REDES SOCIAIS

Se as pessoas realmente soubessem o potencial das redes sociais para engajar e transformar leads em clientes, todas já estariam usando – e

---

[29]   HOOKS, b. **Teaching community**: a pedagogy of hope. New York: Routledge, 2003. Tradução nossa.

eu nem precisaria escrever este livro. As redes sociais são tão poderosas que chega a ser difícil explicar. Com elas, você alcança pessoas e lugares que nunca imaginou ser possível.

Recentemente, tivemos um caso que ilustra bem isso. Nosso escritório fica em São Paulo, mas recebemos uma ligação de um empresário do Pará. Fizemos uma reunião rápida pelo Google Meet e, em dois dias, o negócio estava fechado. O empresário ficou tão impressionado que fez questão de viajar mais de 2.400 quilômetros até São Paulo apenas para nos conhecer pessoalmente e assinar o contrato. Esse é o tipo de alcance que as redes sociais proporcionam.

Desde que decidimos apostar nelas como parte da estratégia de captação, o LinkedIn, o Instagram e até o TikTok se tornaram ferramentas essenciais para nosso crescimento. E, para ser sincero, no início tínhamos receio do TikTok. Não sabíamos se ele funcionaria bem para nosso público. Surpreendentemente, tem se mostrado tão eficaz quanto as outras plataformas.

Aprendemos, ao longo do tempo, que não existe uma fórmula mágica nas redes sociais. Os algoritmos mudam o tempo todo, então você precisa estar disposto a testar e ajustar constantemente. O que funciona hoje pode não funcionar amanhã. Vale a pena experimentar diferentes tipos de conteúdo, horários de postagem, hashtags e estilos de legendas. O importante é manter a consistência e a disposição de se adaptar – isso garante que você continue relevante e próximo ao seu público.

Poucos meses depois de começarmos a publicar conteúdos regularmente, algo inesperado aconteceu: grandes empresários começaram a nos procurar. No início, achávamos que atrairíamos apenas pequenas empresas, aquelas que não têm equipes tributárias internas. Mas, para nossa surpresa, não foi bem assim. Marcamos uma reunião com um cliente que chegou até nós pelas redes sociais. Durante a conversa, perguntamos sobre o faturamento da empresa. Ele respondeu calmamente: 1,2 bilhão de reais. Ficamos chocados. Estávamos ainda no começo, ajustando processos e aprendendo com cada atendimento, e, mesmo assim, conseguimos atrair alguém desse porte, graças ao conteúdo que criávamos nas redes.

Hoje, 90% de nossos clientes chegam até nós por meio das redes sociais. Os outros 10% vêm por indicação de clientes satisfeitos. E isso não é obra do acaso. É resultado de uma estratégia bem pensada, consistente e voltada para a criação de conteúdo relevante, que gera valor real e nos conecta com o público certo.

As redes sociais são mais que uma ferramenta de comunicação; são uma ponte poderosa que nos conecta a empresas de todos os tamanhos e segmentos. Se você busca uma forma eficiente de engajar e transformar leads em clientes, as redes sociais estão entre os melhores caminhos. E o melhor de tudo: você pode começar agora.

A ESTRATÉGIA DOS MÚLTIPLOS CANAIS DE AQUISIÇÃO

Entendida a importância do poder das redes sociais, é preciso identificar os canais de aquisição de consumidores disponíveis para você usufruir em sua estratégia. No universo digital, não existe uma fórmula mágica ou um único canal que será a solução para todos os seus problemas de captação de clientes. Cada plataforma tem suas peculiaridades, e o segredo está em entender a função de cada uma e usá-las em conjunto para construir reputação e relacionamentos.

Antes de começar, vale lembrar que os canais descritos a seguir servem apenas como exemplos, pois várias redes sociais já apareceram e sumiram ao longo dos anos – vamos falar aqui das que estão em maior relevância no momento em que escrevo este livro, e como você pode utilizá-las para a criação de sua própria comunidade.

Instagram:
proximidade e engajamento com o público

Embora o Instagram seja conhecido por sua natureza visual e descontraída, tornou-se uma ferramenta eficaz para advogados que sabem utilizá-lo estrategicamente. O público no Instagram é mais amplo e diversificado, então o conteúdo precisa ser simples, direto e engajador.

Publicamos vídeos curtos falando sobre temas como tributação para pequenas e médias empresas e mostramos o cotidiano do escritório. Isso faz com que o público veja nossa expertise e se sinta mais à vontade para nos contatar, pois percebe que somos acessíveis.

Nós utilizamos o Instagram para explicar temas tributários complexos de uma maneira simples, ou seja, por meio de uma linguagem coloquial que qualquer pessoa entenda. Isso funciona sempre!

TikTok:
vídeos descontraídos

O TikTok talvez não pareça a plataforma mais óbvia para advogados, mas sua base de usuários está crescendo muito rápido, e o formato de vídeos é altamente eficaz para captar a atenção. O algoritmo é bastante inteligente, com dez minutos ou menos de uso a rede social já é capaz de entender o tipo de conteúdo de seu interesse e compartilhar assuntos similares.

Quem acha que o TikTok é só para adolescentes está muito enganado. Enquanto escrevo este livro, estou fechando contrato com um empresário indiano, dono de uma empresa enorme com operações também no Brasil, que me encontrou, adivinhe onde? No TikTok!

Advogados que conseguem explicar conceitos jurídicos de maneira clara e objetiva estão conquistando grandes audiências. O TikTok pode ser uma oportunidade para você mostrar sua autoridade e captar clientes. Independentemente da idade de sua persona, eu aposto que conseguirá encontrá-la ali.

LinkedIn: o poder do networking profissional

Para advogados que atuam no mercado empresarial, tributário, trabalhista ou corporativo, essa plataforma oferece a oportunidade de se conectar com tomadores de decisão, CEOs, gestores e outros advogados que podem se tornar grandes parceiros de negócios. Para você se destacar, é preciso produzir conteúdo relevante, compartilhar cases de sucesso, insights jurídicos e artigos que demonstrem sua autoridade na área.

Nós utilizamos o LinkedIn para publicar artigos detalhados sobre estratégias tributárias que ajudam empresas a economizarem milhões, e temos também uma newsletter semanal. Esses textos são visualizados por gestores e CEOs que, ao reconhecerem nossa expertise, entram em contato para agendar reuniões. O LinkedIn é uma ferramenta poderosa para demonstrar valor e atrair clientes de alto nível.

YouTube:
o segundo Google

O YouTube é a segunda maior ferramenta de busca do mundo, ficando atrás apenas do Google.[30] Muitas pessoas recorrem ao YouTube para pesquisar soluções para seus problemas, inclusive jurídicos.

Como advogado, você pode usar o YouTube para criar vídeos educativos que ajudam a esclarecer dúvidas comuns de clientes. Vídeos explicativos, guias passo a passo e até mesmo análises de casos famosos são ótimas maneiras de demonstrar autoridade e educar seu público.

Nós, do Rebechi & Silva Advogados Associados, utilizamos o YouTube para publicar vídeos de nosso podcast *Gravata Solta*.

OS PODCASTS
CHEGARAM PARA FICAR

Por falar em podcast, lançamos o *Gravata Solta* em agosto de 2023 e, até agora, já ultrapassamos a marca de cinquenta episódios (aliás, se você ainda não se inscreveu em nosso canal, recomendo muito que o faça e confira nossos vídeos!). Se temos um arrependimento? Sim, apenas um: não ter começado antes. A verdade é que esse canal de aquisição continua crescendo sem parar e tem sido uma ferramenta

---

[30] RIBEIRO, M. YouTube Insights: veja por que a plataforma está na linha de frente do cenário cultural. Think With Google, 10 nov. 2020. Disponível em: www.thinkwithgoogle.com/intl/pt-br/estrategias-de-marketing/video/youtube--insights-cultura. Acesso em: 11 jan. 2025.

incrível para gerar engajamento, construir autoridade e alcançar cada vez mais pessoas.

Nos últimos anos, o mundo experimentou uma verdadeira revolução na forma de consumir informação, e os podcasts surgiram como protagonistas dessa transformação. A ascensão meteórica desse formato não é mera coincidência. Em um mundo no qual o tempo é um dos ativos mais valiosos, os podcasts oferecem algo que nenhuma outra mídia entrega com tanta eficiência: conteúdo sob demanda, acessível a qualquer hora e em qualquer lugar.

A versatilidade é uma das grandes razões desse sucesso. É possível consumir um podcast enquanto se está dirigindo, praticando atividade física ou até mesmo realizando tarefas rotineiras. Além disso, a variedade de temas oferecidos impressiona: há podcasts sobre negócios, marketing, ciência, direito, saúde e praticamente qualquer assunto de interesse. Para profissionais liberais, como advogados, o podcast se tornou uma oportunidade estratégica de construção de autoridade e de engajamento com o público. Não é por acaso que marcas estão cada vez mais interessadas em explorar essa mídia como canal de comunicação direta e autêntica.

Sarah Buchwitz, CEO do Grupo Flow, destaca que o crescimento dos podcasts vai além do simples entretenimento. Ela enfatiza que essa mídia, com sua "contextualidade, relevância e acessibilidade", cria uma conexão profunda com o público, sendo altamente eficaz para construir relacionamentos de longo prazo. Ao expandir seu alcance para formatos em vídeo, os podcasts ganharam ainda mais relevância, transformando-se em uma ferramenta poderosa para marcas e criadores de conteúdo.

Sempre que entrevistamos alguém em nosso podcast, é nítido o quanto o grau de relacionamento se eleva. A conexão que se cria durante uma conversa fluida e genuína ultrapassa o simples bate-papo – é algo realmente poderoso. Só quem tem um podcast entende o impacto dessa experiência, que não apenas fortalece laços, mas também abre portas para novas oportunidades.

Caso você ainda não tenha um podcast, recomendo fortemente que você o crie. Além de ser uma excelente ferramenta para compartilhar conhecimento e construir autoridade, ele permite criar conexões valiosas e ampliar sua rede de relacionamentos autenticamente. É um caminho sem volta – uma vez que você começa, percebe o quanto essa mídia pode transformar a maneira como se comunica e se posiciona no mercado.

A IMPORTÂNCIA DA NUTRIÇÃO DE LEADS

Por mais que sua comunidade esteja engajada e o relacionamento fortalecido, nem todos os leads estarão prontos para tomar uma decisão imediata. Para esses casos, a nutrição de leads envolve manter contato constante e relevante até que o lead esteja pronto para contratar seus serviços.

Se um empresário demonstrou interesse, mas ainda não fechou contrato, é crucial se fazer presente – seja por mensagens via WhatsApp, telefonemas ou e-mails –, pois você não pode deixar que essa conexão esfrie a ponto de a pessoa se esquecer de você. Se continuar tentando, é muito provável que dê certo em breve, visto que você e seu conteúdo chamaram a atenção.

Em nosso escritório, já tivemos casos que demoraram quase um ano para firmar contratos; nós aguardamos pacientemente e fomos muito bem recompensados por isso. Pense nesses leads como um patrimônio, que deve ser muito bem cuidado, pois dessa forma, uma hora ou outra, você receberá uma bela recompensa.

GATILHOS MENTAIS NA ADVOCACIA

Uma excelente maneira de engajar-se na comunicação com seus seguidores é por meio da troca de mensagens e das respostas a comentários. E existe uma estratégia altamente eficaz para isso, embora ela cause certa polêmica em alguns círculos.

Muitos afirmam que o uso de gatilhos mentais é antiético, argumentando que pode manipular as pessoas, especialmente no contexto da advocacia. Será que você também pensa assim?

Deixe-me mostrar como a aplicação de gatilhos mentais pode ser não apenas eficaz, mas totalmente ética. Vou demonstrar que, quando usados com responsabilidade, tornam-se uma poderosa ferramenta para comunicar melhor, construir confiança e gerar resultados, sem abrir mão dos princípios que regem nossa profissão.

Uma vez que o relacionamento com sua comunidade esteja fortalecido, a aplicação de gatilhos mentais pode acelerar o processo de tomada de decisão. No livro *As armas da persuasão*, o autor Robert B. Cialdini[31] explora gatilhos psicológicos que influenciam o comportamento humano e podem ser aplicados na advocacia para aumentar as conversões.

---

[31] CIALDINI, R. B. **As armas da persuasão:** como influenciar e não se deixar influenciar. Rio de Janeiro: Sextante, 2012.

Um amigo advogado, o dr. Giovanni, certo dia me procurou para desabafar: estava frustrado porque, apesar de todo o esforço, não conseguia fechar contratos com seus clientes. Conversando com ele, expliquei sobre como pequenos detalhes, como a adoção de gatilhos mentais, poderiam mudar completamente o jogo:

— Alexandre, eu tento de tudo, mas parece que os clientes nunca confiam logo de cara... — ele disse, visivelmente desanimado.

— Já experimentou oferecer algo de valor sem esperar nada em troca? — perguntei.

— Tipo o quê? — ele respondeu, curioso.

— Simples. No meu caso, comecei a produzir conteúdos educativos nas redes sociais. Explico conceitos básicos de tributação e dou exemplos práticos, mas sempre com dicas que ninguém entrega de graça. O que aconteceu? Um empresário viu um dos meus vídeos e me chamou para conversar, dizendo: "Se você tá disposto a compartilhar isso de graça, imagino o quanto pode entregar em um trabalho completo". Isso é *reciprocidade*, Giovanni. Quando você entrega algo de valor genuíno, sem esperar nada, as pessoas percebem sua autoridade e sentem vontade de retribuir.

— Tá, faz sentido. Mas e se ninguém confiar no que você está falando?

— É aí que entra a *prova social*. Sabe quando você menciona em uma conversa que já ajudou uma grande empresa (sem mencionar o nome, claro) ou uma situação difícil? Não é para se exibir, mas para mostrar que você já faz a diferença na vida de outras pessoas. Por exemplo, outro dia, em uma reunião, expliquei que já tinha ajudado uma empresa a reduzir os tributos em 35%. Eu nem precisei convencer mais nada. Quando o cliente vê que alguém como ele já foi ajudado por você, a confiança cresce.

— Mas e se o cliente demora para decidir? Tenho uma lista de gente que tá "pensando" há meses!

— Aí, meu amigo, entra o *gatilho da escassez*. Quando anunciei que faria uma análise de recuperação tributária cobrando apenas no êxito, avisei logo que só poderia atender dez empresas nesse modelo. Não era mentira, era a realidade. Adivinha o que aconteceu?

— Em menos de trinta minutos, mais de vinte empresas entraram em contato?

— Exatamente. As pessoas têm medo de perder uma oportunidade, então agem rápido. Quando você cria um senso de urgência real, o cliente para de enrolar.

Giovanni já estava começando a entender, mas eu ainda tinha mais o que falar.

— Tem outra coisa poderosa: *curiosidade*. Nunca mostre tudo de cara. Um dia, publiquei um post dizendo: "O maior erro que cometi na advocacia me ensinou a gerar resultados milionários pros meus clientes. Quer saber qual foi?". Meu inbox lotou de mensagens. A curiosidade é uma força enorme. Use isso a seu favor.

— Mas como eu faço para mostrar que meus serviços são realmente valiosos?

— Fácil: mostre a *exclusividade*. Quando alguém me procura, eu sempre digo: "Trabalho apenas com empresas que faturam acima de X reais por mês, porque meu método é focado em resolver problemas específicos de empresas com esse perfil de faturamento". Isso faz o cliente sentir que trabalhar comigo é um privilégio. Não se trata de ser mais um advogado, mas de ser o advogado certo para aquele caso.

— Tá, mas e aquele cliente que diz que vai pensar e nunca mais volta?

— Ah, para isso, tem *compromisso e consistência*. Nunca termine uma conversa sem levar o cliente a assumir um pequeno compromisso. No meu caso, eu sempre digo algo como: "Que tal marcarmos uma reunião pra revisar os números do mês passado e identificar oportunidades?". É um compromisso pequeno, mas faz diferença. Quando eles se comprometem com algo, por menor que seja, é mais provável que sigam adiante.

Giovanni ficou em silêncio por uns segundos, processando tudo. Depois, disse:

— Cara, isso faz muito sentido. Parece óbvio agora, mas nunca pensei desse jeito.

— É porque não se trata de "técnicas de venda", mas de entender como as pessoas pensam e se conectam. Quando você domina esses gatilhos, Giovanni, deixa de ser só mais um advogado e torna-se alguém com quem os clientes querem trabalhar.

Alguns meses depois dessa conversa, o Giovanni me ligou:

— Alexandre, só queria te agradecer. Apliquei o que você falou e estou com a agenda lotada. E sabe o melhor? Agora me sinto mais confiante para lidar com os clientes.

Essa história é para lembrar que, quando você entende os gatilhos mentais – reciprocidade, prova social, escassez, curiosidade, exclusividade, compromisso e consistência – e usa isso eticamente, não só atrai clientes, mas também cria conexões reais e duradouras. E, no final, isso é o que diferencia um advogado comum de alguém que deixa sua marca no mercado. Mas nem sempre o uso desses gatilhos permitirá alcançar imediatamente o resultado que você espera, e isso nos leva ao próximo ponto.

OS CLIENTES SÃO SEUS MELHORES VENDEDORES

Há algum tempo, Rodrigo Noll, autor do livro *Criando clientes vendedores*,[32] me convidou para participar de uma imersão de um fim de semana sobre marketing de indicação.

Quem me conhece sabe o quanto gosto de aprender coisas novas, então foi fácil decidir prestigiar meu amigo e comparecer ao evento. Em menos de trinta minutos de apresentação de Noll, caiu a ficha. Como algo tão simples, mas ao mesmo tempo tão poderoso, passava despercebido por mim dia após dia? Percebi, naquele instante, o quanto de dinheiro eu estava deixando na mesa sem sequer notar.

Essa experiência foi transformadora, abriu meus olhos para o verdadeiro potencial do marketing de indicação e o impacto que ele pode ter quando aplicado de maneira estratégica e consistente. Transformar seus clientes em seus melhores vendedores é uma das estratégias mais

---

[32]   NOLL, R. **Criando clientes vendedores:** como utilizar marketing de indicação para conquistar clientes com menos custo e mais lucro. São Paulo: Gente, 2023.

eficazes – e, paradoxalmente, mais subestimadas – no mundo dos negócios, em especial na advocacia. Quando um cliente satisfeito recomenda seus serviços, ele não está apenas validando sua expertise; está atuando como um embaixador de sua marca.

O grande diferencial das indicações é a confiança que elas carregam. Recomendações são vistas como autênticas e confiáveis, o que reduz drasticamente a resistência de novos leads e acelera o processo de conversão. No mercado jurídico, no qual a confiança é o principal pilar, uma indicação vale mais do que qualquer campanha de marketing.

E para transformar clientes em seus melhores vendedores é preciso ir além do básico. Entregar resultados excepcionais é apenas o ponto de partida. O que realmente fideliza e transforma o cliente em um defensor de sua marca é a experiência memorável que você cria ao longo do atendimento. Por isso, peça feedback regularmente, mantenha o relacionamento mesmo após o encerramento do caso e, se possível, incentive as indicações com gestos simples, como um agradecimento público por uma recomendação. Esses pequenos atos fortalecem a relação e incentivam o cliente a indicar seu escritório de maneira natural e espontânea.

CRIANDO UMA COMUNIDADE

No livro *Superfãs*, de Pat Flynn, o autor destaca que a chave para construir um público fiel está em criar uma comunidade em torno de sua marca, de seus serviços – eu diria até mesmo em torno de você.[33] O conceito de superfãs é simples: são pessoas que não apenas seguem seu conteúdo, mas também se sentem parte de uma comunidade e defendem sua marca. No contexto da advocacia, criar essa comunidade é uma estratégia poderosa para gerar confiança e engajamento contínuo.

A criação de uma comunidade vai além de simplesmente captar leads. Trata-se de criar um grupo de pessoas que confiam em você, participam de maneira ativa de seu conteúdo e interagem com sua marca com regularidade. A comunidade é o ponto de partida para engajar seu público e criar um relacionamento duradouro.

Ao longo dos meses, recebemos muitas mensagens de fãs nos parabenizando, agradecendo etc., o que por si só já demonstra que somos uma comunidade. Além disso, recebemos mensagens como: "Não sou advogado nem empresário, porém gosto muito de seus conteúdos e aprendo muito com eles, assisto todos os dias e continuarei te seguindo. Parabéns!", ou seja, essas pessoas se sentem parte de nossa tribo.

Independentemente da mensagem, elas nos enchem de alegria e reforçam que estamos no caminho certo, mas ao mesmo tempo nos fazem refletir sobre o impacto que temos na vida das pessoas. Elas nos lembram de nossa enorme responsabilidade, especialmente quando percebemos que nossas ações e palavras influenciam diferentes pessoas de todo o Brasil, e até mesmo de algumas outras partes do mundo.

Isso demonstra que nosso trabalho vai muito além dos resultados diretos – ele toca vidas, inspira e, muitas vezes, planta sementes de

---

[33] FLYNN, P. **Superfãs**: a maneira fácil de se destacar, criar sua tribo e construir um negócio de sucesso. São Paulo: H1 Editora, 2022.

sonhos e mudanças. Um exemplo disso é a mensagem a seguir, que recebi recentemente:

Michelle:
Dr. Alexandre, tudo bem? Admiro muito o trabalho informativo que o senhor faz! Minha filha de 11 anos acha muito legal o trabalho do advogado e, se um dia o senhor permitir, será que podemos visitá-lo em seu escritório? Seria uma honra imensa vê-lo pessoalmente e apresentar pra minha filha ver um advogado como o senhor 😊

Alexandre Silva:
Olá, Michelle, tudo bem? Fico muito feliz em saber! Vocês são muito bem-vindas!

Michelle:
Ah, muito obrigada 😊

Nessa mensagem, Michelle compartilha um momento especial relacionado ao desejo de sua filhinha de apenas 11 anos. É impressionante como algo que fazemos em nosso dia a dia pode motivar, inspirar e até direcionar escolhas para o futuro de pessoas tão jovens. É esse tipo de conexão que nos faz acreditar que cada esforço vale a pena e que o impacto do que fazemos ultrapassa barreiras que nem imaginamos.

CADA ESFORÇO VALE A PENA.

FAÇA DIREITO, FAÇA DINHEIRO
@alexandresilva_adv

TODOS NÓS ESTAMOS À PROCURA DE UMA TRIBO

Seth Godin, no livro *Tribes*, nos lembra de algo essencial: todos nós estamos à procura de uma tribo. É da natureza humana querer pertencer a algo maior do que nós mesmos. Tribos nos dão propósito, nos conectam a pessoas que compartilham valores semelhantes e nos oferecem um senso de identidade em um mundo cada vez mais fragmentado.

Procurar uma tribo é mais do que buscar um grupo de pessoas. É procurar um espaço onde somos compreendidos, onde nossas ideias fazem sentido e onde sentimos que podemos fazer parte de algo significativo.

No mercado jurídico, por exemplo, essa busca pode se manifestar em clientes procurando advogados que entendam suas necessidades específicas (e aqui voltamos à importância de especializar-se em um nicho de mercado), em profissionais buscando comunidades para compartilhar conhecimento ou em escritórios criando redes de colaboração dentro do setor.

Pertencer a uma tribo também nos ajuda a crescer. Quando nos conectamos com pessoas que compartilham nossos objetivos, somos desafiados, inspirados e motivados a ir além. Uma tribo é um ambiente que valoriza a troca de experiências, e essa troca gera um impacto que dificilmente conseguiríamos sozinhos. No fundo, a busca por uma tribo é a busca por um espaço onde podemos contribuir e, ao mesmo tempo, sermos impactados positivamente.

No entanto, a mágica acontece quando você deixa de ser apenas alguém que procura uma tribo e se torna o líder de uma – o que não significa ter autoridade absoluta, mas conectar pessoas ao redor de uma ideia que vale a pena seguir. E, no mundo jurídico, liderar uma tribo pode significar ser a referência em um nicho específico, ser o advogado que educa seu público, que traz clareza para problemas complexos e guia clientes e parceiros em direção a soluções reais.

Criar grupos nas redes sociais é uma excelente maneira de formar uma comunidade. Nessas plataformas, você pode compartilhar conteúdo exclusivo, responder a perguntas e promover discussões sobre temas relevantes para seu público-alvo. Esses grupos fazem com que as pessoas se sintam parte de algo maior, o que fortalece a lealdade à sua marca. Além disso, esse caminho permite que você entenda ainda melhor as dores de seu público e possa ajudá-lo de modo mais preciso. Realizar lives frequentes também possibilita uma conexão direta com sua comunidade, respondendo a perguntas em tempo real e oferecendo conteúdo exclusivo.

Por fim, enviar newsletters ou disponibilizar materiais gratuitos para os membros de sua comunidade são meios eficazes de nutrir o relacionamento. Ao compartilhar insights valiosos que seus seguidores não encontram em outros lugares, você fortalece o vínculo com eles.

A criação de uma comunidade é o primeiro passo para engajar seu público. Esses membros não apenas consomem seu conteúdo, mas também confiam em você como referência. Quando eles precisarem de um advogado, quem será a primeira pessoa a ser procurada?

Você!

CONSTRUÇÃO DE RELACIONAMENTO

Uma vez que você tenha criado uma comunidade, o próximo passo é construir relacionamentos sólidos com cada membro – esta é a grande vantagem da criação de uma comunidade: permitir que você se conecte de maneira mais íntima e direta com seu público, o que facilita o desenvolvimento de relacionamentos de confiança.

A personalização é um fator crucial na construção desses relacionamentos. Quando um cliente ou lead sente que a comunicação é feita sob medida para ele, a confiança aumenta, assim como a probabilidade de conversão. Responder diretamente às perguntas dos membros de sua comunidade demonstra que você está presente e interessado em ajudar. Essas interações personalizadas fazem com que os membros sintam que você está atento às necessidades deles.

Além disso, quando um lead já interagiu com você em eventos ou no grupo, personalize a proposta de serviço. Isso demonstra que você prestou atenção às necessidades específicas e está oferecendo uma solução única para os desafios específicos que ele enfrenta, o que aumenta as chances de que, quando precisar de serviços jurídicos, você seja o advogado que apareça primeiro na mente da pessoa.

Quando bem executada, essa estratégia cria um círculo virtuoso: clientes satisfeitos atraem novos clientes, sua autoridade se fortalece, e o crescimento do escritório se torna sustentável.

Aqui no escritório temos vários casos de sucesso relacionados às indicações, mas um deles é especialmente emblemático: o Phillipe. Criamos um nível tão alto de conexão com ele que, hoje, posso dizer que se tornou nosso amigo. Em apenas um ano, o Phillipe nos indicou mais de dez empresários, dos quais oito se tornaram clientes. O resultado financeiro foi expressivo:

Mais de 1 milhão de reais em receita gerada.

Implementamos também um programa de indicação que tem dado resultados excelentes. A cada novo cliente indicado, o responsável pela indicação recebe uma recompensa, que pode ser utilizada em consultas ou serviços futuros. Essa estratégia, simples e incrivelmente poderosa, não apenas incentiva novas indicações, como também mantém o cliente conectado ao escritório, criando um ciclo de fidelização, e tem contribuído significativamente para nosso crescimento e fortalecido ainda mais nossa relação com o público que atendemos. E você, já estruturou um programa de indicação em seu escritório?

Você notou que existem várias maneiras de engajar seus leads até transformá-los em seus clientes? Agora chegou o momento de você escolher aquela que mais faz sentido para seu negócio.

PLANO DE AÇÃO:
ENGAJE E CONVERTA
CLIENTES POTENCIAIS

Passo 1: crie um grupo no WhatsApp.

Passo 2: escreva um texto para publicar nas redes sociais oferecendo uma masterclass gratuita.

Sugestão de publicação nas redes sociais (adapte ao seu ramo do Direito):

> Empresário, você está preparado para evitar riscos trabalhistas e economizar com passivos ocultos?
>
> Sabemos que as leis trabalhistas são complexas, e qualquer deslize pode gerar processos, multas e prejuízos significativos para a sua empresa.
>
> Pensando nisso, estou oferecendo uma **masterclass exclusiva** e gratuita sobre como blindar sua empresa de riscos trabalhistas e reduzir custos com segurança jurídica.
>
> Nessa aula, você vai aprender:
> - Como prevenir passivos trabalhistas de modo eficaz.
> - As melhores práticas jurídicas para evitar multas e autuações.
> - Dicas valiosas para otimizar a gestão de contratos e benefícios.

- ◆ **Data:** *[defina a data]*
- ◆ **Horário:** *[defina o horário]*
- ◆ **Onde:** *on-line – participe de onde estiver!*

Entre agora no grupo "Proteção Jurídica Trabalhista" no WhatsApp e receba todas as informações para participar.

- ◆ [Link somente dentro do grupo]
- ◆ Não perca essa oportunidade de proteger sua empresa e economizar com inteligência jurídica!

Passo 3: ligue para todas as pessoas que participaram da masterclass seguindo o roteiro a seguir.

Roteiro resumido de ligação pós-masterclass

Olá, [Nome]! Aqui é o [Seu Nome], do [Nome do Escritório]. Vi que você participou de nossa masterclass sobre riscos trabalhistas e queria saber como foi sua experiência. Teve algum ponto que chamou mais sua atenção ou que seja importante para sua empresa?

Sabendo que essas questões trabalhistas podem gerar passivos ocultos e prejuízos, eu gostaria de entender como vocês estão lidando com isso hoje. Se fizer sentido, posso te ajudar com algumas soluções personalizadas para minimizar riscos e reduzir custos.

O que acha de agendarmos uma conversa mais detalhada? Posso oferecer um diagnóstico inicial gratuito. Qual seria o melhor dia e horário para você?

- ◆ Meta: capturar quinze leads.

Passo 4: agende oito reuniões de trinta minutos com leads qualificados.

◆ **Objetivo:** identificar oportunidades e demonstrar valor.

Passo 5: feche três contratos.

Repita semanalmente para escalar os resultados.

CLIENTES SATISFEITOS ATRAEM NOVOS CLIENTES.

FAÇA DIREITO, FAÇA DINHEIRO
@alexandresilva_adv

7

SEJA REFERÊNCIA

"Seja você mesmo, todos os outros já existem." –
Oscar Wilde[34]

Você já parou para pensar que, quando falamos de algumas profissões, certos nomes vêm automaticamente à nossa mente? Isso acontece porque esses profissionais construíram uma marca tão forte que se tornaram referência em suas áreas. Pense em um grande médico, um advogado famoso ou até mesmo um jogador de futebol que marcou época – você imediatamente se lembra de alguém.

E o que essas pessoas têm em comum? Elas não apenas dominam suas profissões, mas também sabem como se posicionar, aparecer e manter sua imagem constante na mente do público. É aí que entra a importância de ser visto. No mundo jurídico, isso não é diferente. Você pode ser um excelente advogado, mas, se não aparecer, não será lembrado – e, se não for lembrado, dificilmente vai crescer.

Eu sei, você está com receio de gravar e postar seus vídeos. Isso é comum no começo, mas deixa eu lhe fazer uma pergunta: você se preocupa com a opinião dos outros? Aposto que sim! É o mais comum. Nesse caso, estou aqui para lembrá-lo de que essas pessoas não

---

[34] WILDE, O. Frase amplamente atribuída ao autor. Não há comprovação de registro em suas obras publicadas.

pagam suas contas nem estão interessadas no crescimento de seu escritório, então você não deveria se preocupar tanto assim, concorda?

Imagine se eu desse tanta importância a cada vez que ouvi: "Alexandre, quer dizer que agora você virou blogueirinho?", "Olha o TikToker aí! Não tem vergonha de fazer esses vídeos nas redes sociais? Eu não faria isso nem por 1 milhão de reais!", "Tá achando que está onde? No *Big Brother*? Isso aí não é coisa para advogado sério, não!".

Se você está começando a produzir conteúdo agora, prepare-se: provavelmente ouvirá comentários parecidos. E sabe o que é pior? Eles geralmente vêm de quem você menos espera – "amigos", parentes, colegas de trabalho.

O motivo? Não é que você esteja errado ou fazendo algo absurdo. Na verdade, essas pessoas gostariam de estar em seu lugar. Mas, como não têm coragem de fazer o que você está fazendo, tentam desanimar você. É mais fácil criticar do que admitir a própria insegurança.

A parte engraçada é que, muitas vezes, passado um tempo, essas mesmas pessoas aparecem com outro discurso: "Ei, como você começou a gravar vídeos?", "Que ferramentas você usa?", "Me ajuda a montar meu perfil?". E aí você percebe que o que antes era motivo de risada virou inspiração. Então, a dica é simples: continue. Faça aquilo em que você acredita, porque, no final, quem ri por último é quem tem coragem de tentar.

Às vezes, me pego pensando em todas as conversas que já tive com advogados que queriam se destacar no mercado. Muitos me dizem: "Eu sei que preciso aparecer, mas como faço isso sem parecer igual a todo mundo?". É uma dúvida legítima, e talvez você também já tenha se perguntado isso. Nos capítulos anteriores, abordamos diversos temas que constroem a base do sucesso, mas agora chegou a hora de falar sobre um dos pontos mais importantes deste livro: você!

Daremos mais um passo na construção de sua marca: posicionar-se no mercado e produzir conteúdo relevante de modo consistente. Porque, na advocacia, com a concorrência crescente, destacar-se não é uma opção, é uma necessidade. E, para tanto, você precisa de duas coisas essenciais: uma identidade clara e uma presença ativa.

Isso não significa apenas criar um bom logo ou postar de vez em quando nas redes sociais. Estamos falando de desenvolver algo muito mais profundo: uma marca que comunique seus valores, sua expertise e sua personalidade autêntica. E, claro, fazer isso constantemente, porque, no mercado jurídico, quem não aparece não é lembrado – e quem não é lembrado, não cresce.

DICAS PARA SEU POSICIONAMENTO

Quero compartilhar algo que aprendi na raça, com muito tempo e dinheiro investidos. Lições que poderiam ter me poupado de vários erros e que hoje quero dividir com você. Se você está começando a produzir conteúdo ou se sente travado, preste atenção: estas dicas podem transformar completamente a forma como se posiciona e engaja seu público.

Seja autêntico

Um ponto nunca pode faltar em seu conteúdo ou posicionamento: a autenticidade. Seja você. Não tente imitar outra pessoa ou forçar algo que não faça sentido para você. As pessoas percebem quando você é genuíno, e é isso que cria uma conexão verdadeira. Não tente agradar todo mundo. Quem se identificar vai engajar, vai confiar em você – e essa conexão vale muito mais do que qualquer número de curtidas.

Use seu perfil pessoal

Uma dúvida que sempre aparece é: "Devo usar meu perfil pessoal ou o do escritório?". Minha resposta é clara: use seu perfil pessoal como principal. Pessoas fazem negócios com pessoas, não com logos. Seu perfil pessoal permite que o público conheça quem você realmente é, criando confiança e conexão. Se quiser ter um perfil institucional para o escritório, tudo bem, mas saiba que o engajamento mais forte sempre virá do pessoal. As pessoas querem saber quem está por trás do profissional, porque é isso que cria relacionamentos duradouros.

No final, o que importa é começar. Não deixe a busca pela perfeição o paralisar. Produza conteúdo que ensine, inspire e provoque mudanças. Use o que tem, seja autêntico e mostre quem você é. Com consistência, cada passo que você dá é uma oportunidade de transformar não só a vida de seu público, mas também a sua. Então, pare de esperar e comece hoje a construir essa sua identidade como referência!

BRANDING: CONSTRUA UMA IDENTIDADE FORTE

Construir uma identidade de marca sólida é o primeiro passo para fortalecer sua presença no mercado jurídico. O branding não é apenas o visual de seu escritório, mas a forma como você é percebido por seu público, seus clientes e seus pares.

É a maneira como você comunica seus valores, sua missão e o que o diferencia dos outros advogados. No mercado jurídico, onde a confiança é tudo, seu branding pessoal precisa refletir quem você é e o que você representa, por isso deve ser construído sobre elementos que representam os pilares de sua identidade. Esses elementos devem ser definidos com clareza e aplicados constantemente em todos os pontos de contato com o cliente.

- **Missão e valores:** esses são os fundamentos de seu escritório. A missão reflete o propósito maior de seu trabalho, enquanto os valores definem os princípios que guiam todas as suas ações.
- **Identidade visual:** a forma como você se veste, o design do site, o logo do escritório, o começo dos vídeos e até as cores que você usa comunicam uma mensagem importante e precisam ser consistentes para refletir a seriedade e a competência que seus clientes esperam.
- **Tom de voz:** o tom com que você se comunica define sua personalidade. Ele pode ser formal, acessível ou consultivo, dependendo de como você quer ser percebido.

DATA MAXIMA VENIA, DIGNE-SE VOSSA SENHORIA A ATENTAR-SE AO TEXTO INFRA.

Independentemente de como você queira ser percebido, evite utilizar uma linguagem técnica, como no título desta seção, a menos que sua persona seja formada por advogados e especialistas. Insistir em usar termos técnicos, palavras em latim, ou o famoso "juridiquês", afasta seu público, que não entenderá nada e, no final, contratará seu colega que consegue se comunicar de maneira clara e acessível.

Esqueça a ideia de que falar difícil transmite autoridade. Esse tempo já passou. Hoje, o que conquista o cliente é a capacidade de traduzir o complexo em algo simples e prático. Mostre que você entende o problema dele e está pronto para ajudar, sem complicar. Autoridade não é medida pela dificuldade do vocabulário, mas pela clareza e pela confiança que você transmite.

Certa vez, um amigo me pediu algumas dicas sobre produção de conteúdo – especificamente, para vídeos. Como adoro o tema e, mais ainda, ensinar, passamos horas trocando ideias. Um tempo depois, ele postou o vídeo que havia produzido. Eu assisti e deixei um comentário: "Eu entendi". Só isso. Ele leu meu comentário e ficou me olhando com uma expressão confusa. Começamos a rir, e expliquei:

— Olha, eu escrevi que entendi porque sou advogado. Mas, se eu não fosse, provavelmente não teria entendido nada. O vídeo estava ótimo, mas a linguagem estava técnica demais. O público que você quer alcançar, seus possíveis clientes, muito provavelmente não conseguirão compreender.

Ele ficou em silêncio por um instante prestando atenção ao que eu dizia, e completei:

— Esse é um ponto crucial: quando produzimos conteúdo, precisamos falar a língua de quem queremos alcançar, não a nossa. De nada adianta o conteúdo ser tecnicamente perfeito se ele não conecta, se não conversa com as dores e a realidade do público.

Essa história é um lembrete poderoso. Sempre que estivermos produzindo conteúdo, devemos lembrar que o mais importante não é mostrar o quanto sabemos, mas sim nos fazer entender. É assim que transformamos o conhecimento em impacto.

SEU CONTEÚDO, SUA PRESENÇA

Como já vimos antes, produção de conteúdo jurídico tem o potencial de transformar sua presença no mercado, tornando você uma referência em seu nicho. Para advogados, o conteúdo precisa ser ao mesmo tempo informativo, acessível e útil para o público. *Infotenimento* é a combinação de informação com entretenimento. É exatamente essa estratégia poderosa de comunicação que utilizamos em quase 100% do conteúdo de nosso escritório.

Essa estratégia busca educar o público enquanto o mantém engajado de modo leve e interessante por meio da autenticidade. No mercado jurídico, muitas vezes caímos na armadilha de querer apenas informar, usando uma abordagem séria e técnica, mas esquecemos que as pessoas são mais propensas a prestar atenção e reter o conteúdo quando ele é cativante.

No *infotenimento*, o objetivo é transmitir conhecimento de maneira envolvente. Isso pode ser feito com exemplos do dia a dia, analogias, histórias, vídeos dinâmicos ou até mesmo humor – desde que adequado ao seu nicho e ao seu posicionamento. Imagine explicar uma cláusula contratual complicada usando uma situação engraçada do cotidiano ou esclarecer um ponto da LGPD em um vídeo animado que capte a atenção logo nos primeiros segundos.

Por que funciona?

Porque as pessoas não buscam apenas saber, elas querem sentir. Querem se conectar com quem está transmitindo a mensagem. Quando você consegue unir conteúdo relevante com uma abordagem descontraída, cria uma conexão genuína, transmite autoridade sem arrogância e, o mais importante, faz com que sua mensagem seja lembrada.

Dica prática

Experimente transformar um tema complexo em algo fácil de entender e interessante de acompanhar. Um vídeo explicando como economizar impostos comparando a tributação aos "combos do fast-food" ou um post que associa planejamento sucessório a um "mapa do tesouro da família" são exemplos de *infotenimento* no mercado jurídico. É ensinar, mas sem ser chato.

E, quando falamos de *infotenimento*, é importante que você saiba que, nesse caso, a quantidade importa! Quanto mais você publica, mais as pessoas se lembrarão de você e perceberão seu valor. Por isso, crie uma constância em suas publicações e, se possível, publique todos os dias!

Se há um elemento que diferencia os advogados que constroem uma presença digital relevante daqueles que ficam esquecidos, é a constância. Manter uma produção constante de conteúdo é essencial para que sua audiência continue engajada e para que sua presença se fortaleça. Publicar uma vez e sumir não traz resultados.

É curioso como muitos advogados dizem que não postam por falta de tempo. Mas, se você perguntar quanto tempo eles gastam nas redes sociais consumindo entretenimento, a maioria relatará

TUDO NA VIDA É QUESTÃO DE PRIORIDADE, E NÃO DE TEMPO.

FAÇA DIREITO, FAÇA DINHEIRO
@alexandresilva_adv

que gasta algumas horas por dia. Estou demonstrando que tudo na vida é questão de prioridade, e não de tempo. Vamos ser honestos aqui? Se você tem tempo de consumir conteúdo, você tem tempo de produzir conteúdo!

Como garantir a constância?

Planeje suas postagens com antecedência, criando um calendário para que você saiba exatamente o que e quando será publicado. Além disso, há diversas ferramentas de automação que permitem agendar posts em redes sociais, garantindo que seu conteúdo seja publicado sem que você precise fazer isso manualmente.

Para facilitar, também separo uma parte das sextas-feiras para as gravações de vídeos; isso me ajuda a organizar minha agenda, pois sei que tenho esse compromisso e já deixo minha agenda bloqueada para ele.

AS MÉTRICAS DO SUCESSO

A constância é importante, mas de nada adianta produzir conteúdo sem analisar o que está funcionando. A análise de métricas é fundamental para entender se sua estratégia está gerando resultados. Com essas métricas, você pode ajustar seu conteúdo, melhorar sua abordagem e garantir que está entregando o que seu público realmente deseja. Por isso, você deve acompanhar o engajamento para garantir o sucesso de seu conteúdo.

Curtidas, comentários e compartilhamentos são sinais claros de que você está capturando a atenção das pessoas e gerando algum tipo de impacto. No entanto, é importante ter cuidado ao analisar esses dados isoladamente. Não confunda engajamento com resultados reais. Esses números, quando isolados, podem se transformar no que chamamos de métricas da vaidade – indicadores que apenas inflam nosso ego sem trazer conversões ou impactos concretos.

O verdadeiro engajamento vai além da superfície; ele deve ser um passo que aproxima seu público de uma ação, como entrar em contato, agendar uma consulta ou contratar seu serviço. Lembre-se: engajamento é importante, mas conversão é o que realmente paga as contas.

Assim, entender o caminho dos leads até a conversão é crucial. Afinal, não basta atrair contatos; é necessário transformar essas oportunidades em contratos que gerem resultados concretos para seu escritório. E tudo começa com o monitoramento eficaz do número de leads que chegam até você. No próximo capítulo, explicarei melhor como você pode fazer isso.

Agora, coloque essas estratégias em prática e veja como a constância e os ajustes contínuos podem transformar o futuro de seu escritório e fortalecer sua posição no mercado jurídico. Chegou a hora de colocar a mão na massa.

Vamos gravar um vídeo?

PLANO DE AÇÃO:

CONSTRUA SUA AUTORIDADE PARA ATRAIR NOVOS CLIENTES

Passo 1: escreva seu roteiro de vídeo – divida-o em três partes.

- Comece com um **gancho poderoso** – a introdução precisa capturar a atenção do espectador nos primeiros segundos. Faça uma pergunta instigante, traga um dado surpreendente ou inicie com uma afirmação que desperte curiosidade.
- Em seguida, desenvolva o **conteúdo de valor**. Esse é o momento de entregar algo que seu público provavelmente ainda não sabe, mas que pode gerar impacto real na vida dele. Seja objetivo, claro e mantenha o foco no que é relevante para seu público.
- Por fim, não se esqueça de incluir uma **chamada para ação (CTA).** Oriente o espectador sobre o que você quer que ele faça ao final do vídeo: compartilhar com os amigos, deixar um comentário ou curtir. Esse passo é fundamental para gerar engajamento e ampliar o alcance de seu conteúdo.

Obs.: no máximo 45 segundos para o Instagram e mais de 1 minuto para o TikTok.

Passo 2: grave o vídeo sem se preocupar se está bom ou não; lembre-se: nesse momento quantidade é melhor que qualidade.

Passo 3: faça a edição no CapCut[35] (existem vários vídeos no YouTube que ensinam como editar nesse aplicativo).

Passo 4: publique nas principais redes sociais ou, preferencialmente, naquela em que seu cliente está mais presente.

Passo 5: analise a performance do vídeo para que você possa fazer as devidas correções no próximo.

---

[35] CAPCUT. Disponível em: www.capcut.com/pt-br. Acesso em: 11 fev. 2025.

8

CONVERTA CONTATOS EM CONTRATOS

"A venda não é mais uma questão de persuasão ou pressão, mas de entender e atender às necessidades dos outros." – Daniel H. Pink[36]

Enfim chegamos ao momento mais aguardado do livro: está preparado para fazer dinheiro? Pois vamos transformar tudo o que você aprendeu até aqui em dinheiro no seu bolso!

Eu sou um pouco suspeito para dizer isso, pois, conforme já comentei em outro capítulo, passei boa parte de minha carreira corporativa em marketing e vendas. Sou um apaixonado por vendas, fiz dezenas de cursos pelas empresas por onde passei e, ainda hoje, se vejo um livro sobre o assunto, ele rapidamente entra para minha biblioteca.

Há basicamente dois tipos de vendas: *inbound* e *outbound*. O *inbound* é o que abordamos neste livro, ou seja, quando você cria conteúdos de valor e o cliente se interessa e acaba entrando em contato com você – muito mais fácil. O *outbound* é quando você escolhe os clientes para quem quer vender e encontra uma maneira de contatá-lo, seja por meio de telefonemas, e-mails etc.

Se você estiver colocando em prática o que apresentamos aqui, é muito provável que já esteja monetizando por meio dos planos de ação que encontrou ao final dos capítulos anteriores. Porém, agora

---

[36] PINK, D. H. **To Sell Is Human**: the Surprising Truth about Moving Others. Nova York: Riverhead Books, 2012. Tradução nossa.

mergulharemos fundo em vendas – e é isso que vai virar o jogo e converter todo esse trabalho em resultados concretos.

Para alguns, falar em vendas pode ser desconfortável. Talvez você já tenha pensado: "Vender? Isso combina com a advocacia?". Deixe-me contar uma verdade: combina, e muito! Vender seus serviços jurídicos não é um bicho de sete cabeças – muito pelo contrário. Com as técnicas que apresentarei aqui, é bem provável que você não só perca qualquer receio, mas até comece a aproveitar o processo.

O problema é que muitos advogados ainda carregam aquele velho estigma de que "vender" é algo antiético, invasivo ou desesperado. Mas vou provar que não é nada disso. Quando você entende que vender é, na verdade, ajudar o cliente a resolver um problema, tudo muda. Você deixa de ver vendas como algo forçado e passa a enxergar como um processo natural de criar valor e fortalecer a relação com o cliente.

E o melhor? Isso não é apenas teoria. São técnicas que utilizamos dia após dia em nosso escritório, e eu posso garantir que funcionam. Fechamos contratos, fidelizamos clientes e construímos uma prática jurídica sustentável. E se funcionam para nós, tenho certeza de que funcionarão para você também.

O SEGREDO DAS VENDAS CONSULTIVAS

Vender não é pressionar ou "empurrar" um produto ou serviço para o cliente, mas criar uma conversa para ajudá-lo a entender como você pode resolver o problema dele. É uma troca de valor que beneficia ambas as partes. O processo de vendas é uma combinação de arte e ciência – depende da habilidade de persuadir e influenciar as pessoas a tomarem decisões combinada com a aplicação de métodos comprovados para abordar as pessoas certas, entender suas necessidades e oferecer as soluções mais adequadas.

No caso da advocacia, a venda se dá de maneira mais consultiva, o que significa que você deve ter a habilidade de educar o cliente, demonstrando sua autoridade e, ao mesmo tempo, entender profundamente suas necessidades.

Ao longo deste capítulo, exploraremos três abordagens complementares para vendas consultivas que ajudam a equilibrar a arte e a ciência das vendas:

1. o social selling, que envolve criar relacionamentos autênticos e estratégicos nas redes sociais e descobrir clientes potenciais;
2. o BANT, utilizado para identificar os leads qualificados; e
3. o SPIN selling, focado em fazer as perguntas certas para entender e explorar as dores e necessidades dos leads e convertê-los em clientes.

Essas três técnicas juntas permitem transformar leads em clientes de maneira ética, eficiente e estratégica. Vendas são muito mais do que números e transações. Elas são o ponto culminante de todo o trabalho que você desenvolveu para atrair leads e construir confiança. Com as técnicas certas, esse processo de venda se torna muito mais fluido, e você passará a negociar com confiança, sabendo que está conduzindo o cliente corretamente até a decisão de contratação.

E aí, está pronto para transformar sua advocacia e começar a fazer dinheiro de verdade? Porque o sucesso está esperando – e ele começa quando você decide agir. Chegou o momento de pegar todos os leads que você gerou até agora e convertê-los em clientes. Vamos começar!

SOCIAL SELLING EM DEZ DICAS

Muitas pessoas que me procuram relatam dificuldades na prospecção de clientes e dizem que não sabem por onde começar. Para elas, minha primeira pergunta é sempre a mesma: "Você tem perfil em alguma rede social?". A resposta, quase sempre, é sim. Na sequência, pergunto: "Quantos seguidores você tem?". As respostas geralmente variam entre quinhentos mil e cinco mil seguidores.

O mais interessante é que, nesse momento, muitos percebem algo que não haviam notado antes: esse é o número de leads que elas já têm e não aproveitam. É como ter uma lista de potenciais clientes na palma da mão e não saber o que fazer com ela. As oportunidades estão ali, mas é preciso enxergá-las e, mais importante, saber como engajar e converter esse público.

O foco do social selling está na construção de relacionamentos por meio das redes sociais. Em um mundo cada vez mais digital, advogados não podem ignorar o poder de plataformas como LinkedIn, Instagram e TikTok para interagir diretamente com potenciais clientes, gerar confiança e converter seguidores em clientes.

Essa é uma prática que envolve engajamento contínuo com seus seguidores, criando uma presença ativa e interagindo de modo estratégico. O conceito vai além de simplesmente postar conteúdo. Trata-se de usar as redes sociais para estabelecer um relacionamento autêntico e de longo prazo com os clientes, antes mesmo de iniciar uma conversa de vendas direta.

E aposto que você, agora, esteja se perguntando: *Mas como colocar esse tal social selling em prática?* Vou dar um exemplo aqui utilizando o Instagram, mas você pode adaptar para qualquer outra rede social, ok? Abordar seguidores no Instagram eficazmente exige mais do que enviar mensagens genéricas. O social selling consiste em criar conexões genuínas, oferecer valor e construir relacionamentos que, com o tempo, possam levar à conversão.

MELHORES PRÁTICAS
PARA VOCÊ SE DESTACAR COM O SOCIAL SELLING

1. Analise o perfil do seguidor

Antes de qualquer abordagem, entenda quem é seu seguidor.

- Leia a bio para identificar seu nicho ou sua área de atuação; veja se o perfil tem indícios de que o usuário é um potencial cliente.
- Veja os posts ou stories para identificar dores ou interesses específicos.
- Observe se a pessoa já interagiu com seu conteúdo antes (likes, comentários ou mensagens diretas).

Essa análise ajuda a personalizar sua abordagem e aumentar a relevância da conversa.

2. Crie um motivo para o contato

Use gatilhos contextuais para iniciar o diálogo. Pode ser um post recente, uma interação ou até mesmo um evento no setor.

3. Ajuste sua bio – sua vitrine no Instagram

Antes de abordar, certifique-se de que seu perfil transmite confiança e clareza. Sua bio deve explicar quem você é, o que faz e como ajuda o público.

- Inclua uma frase objetiva destacando seu nicho.
- Adicione um link útil (como seu WhatsApp, um formulário de contato ou página de agendamento).
- Finalize com uma chamada para ação (CTA): "Entre em contato para saber mais sobre o tema".

4. Use stories e enquetes para engajar – crie listas

Os stories são ferramentas incríveis para iniciar conversas de modo orgânico.

- Responda aos stories dos seguidores de maneira genuína.
- Crie enquetes ou caixas de perguntas relacionadas ao seu nicho.

Todas as pessoas que responderem ou participarem de seus stories ou enquetes são potenciais clientes.

5. Ofereça valor antes de vender

No social selling, a reciprocidade é fundamental. Antes de falar sobre seus serviços, entregue algo útil ao seguidor.

- Ofereça materiais gratuitos.
- Realize lives para tirar dúvidas. Isso demonstra autoridade e aproxima você do público.

6. Provas sociais validadas

Nada engaja mais do que mostrar resultados reais. Publique depoimentos ou histórias de sucesso (sempre com consentimento, sem mencionar o nome da empresa e utilizando o bom e velho bom senso).

7. Monitore interações passadas

Se o seguidor já interagiu antes, mostre que você se lembra disso ao retomar a conversa. Isso fará uma enorme diferença.

8. Seja consistente e ético

A consistência é a chave para o sucesso no social selling. Aborde seus seguidores regularmente, mas sempre com respeito e autenticidade. Respeite o tempo e o espaço de cada pessoa.

9. Respeite o tempo e o espaço do seguidor

Caso ele não demonstre interesse imediato, não insista. Deixe claro que você está disponível caso ele precise.

10. Avance com naturalidade

Se o seguidor demonstrar interesse, conduza a conversa de modo leve para um próximo passo, como uma reunião ou apresentação mais detalhada.

Dica extra: seja consistente, não invasivo

No social selling, a paciência e a autenticidade são fundamentais. Nem todos os seguidores estarão prontos para um diálogo imediatamente, mas suas interações consistentes e cheias de valor criarão um terreno fértil para futuras oportunidades.

Ao abordar um seguidor, lembre-se: o objetivo é construir confiança e abrir espaço para conversas naturais que possam levar à conversão, e não realizar uma venda no primeiro contato. A partir da consistência, você transforma seguidores em clientes leais e constrói uma reputação sólida no mercado jurídico.

> O cliente não está interessado em seu serviço, mas na transformação que seu serviço promete realizar para ele.

MÉTODO BANT: A QUALIFICAÇÃO ESTRATÉGICA DE LEADS

No mundo das vendas, a qualificação de leads é essencial para evitar desperdício de tempo e energia com potenciais clientes que ainda não estão prontos para avançar. O método BANT – acrônimo para *Budget* (Orçamento), *Authority* (Autoridade), *Need* (Necessidade) e *Timing* (Momento) – é amplamente reconhecido como uma ferramenta prática para identificar leads com maior potencial de conversão.

Introduzido pela IBM e explorado em livros como *The challenger sale*, de Matthew Dixon e Brent Adamson, o BANT oferece um sistema claro para avaliar se um cliente está qualificado e no momento ideal para contratar seus serviços.[37]

No mercado jurídico, onde o relacionamento e a confiança são fundamentais, aplicar o BANT de maneira estratégica pode transformar o processo de prospecção. No Rebechi & Silva Advogados Associados, essa qualificação é feita por um Sales Development Representative (SDR), ou pré-vendedor, responsável por fazer o primeiro contato com o lead, aplicar o método BANT e, ao identificar se ele está qualificado, transferir para o Closer, vendedor, que assume a negociação final e busca converter o lead em cliente.

---

[37] DIXON, M.; ADAMSON, B. **The Challenger Sale**: Taking Control of the Customer Conversation. Nova York: Penguin Group, 2011.

Como funciona o BANT na prática?

Budget (Orçamento)

A primeira etapa é avaliar se o cliente tem capacidade financeira para contratar os serviços. No Direito Trabalhista, por exemplo, isso pode ser essencial ao lidar com empresas que enfrentam dificuldades econômicas devido a processos judiciais. Essa etapa evita que leads sem condições financeiras sejam transferidos ao Closer, otimizando o tempo da equipe de vendas.

Authority (Autoridade)

Aqui, o objetivo é identificar se a pessoa de contato tem poder de decisão ou precisa da aprovação de outro profissional. No Direito Trabalhista, especialmente ao lidar com empresas, é comum que a decisão final dependa do financeiro ou do jurídico interno. Dessa forma, o Closer recebe leads qualificados com todas as informações sobre o processo decisório.

Need (Necessidade)

Identificar a dor do cliente é fundamental para criar interesse e engajamento. O SDR deve explorar as dificuldades do lead e entender como os serviços do escritório podem ajudá-lo. No Direito Trabalhista, as necessidades podem incluir desde a revisão de contratos até a prevenção de novas demandas judiciais. Esse diagnóstico inicial prepara o terreno para o Closer, que pode entrar na negociação com soluções personalizadas.

Timing (Momento)

Determinar o momento ideal para avançar é crucial. O SDR deve entender as prioridades do lead para garantir que ele esteja pronto para a contratação. Leads que indicam urgência são transferidos ao Closer, que assume a negociação no momento certo.

Por que o BANT é importante no mercado jurídico?

No mercado jurídico, onde o tempo é precioso e as negociações são complexas, ter um sistema claro de qualificação de leads como o BANT é fundamental. No Rebechi & Silva Advogados Associados, por exemplo, o BANT é usado para otimizar o processo de qualificação. O SDR realiza o contato inicial e, com base nas respostas do lead, identifica se ele está preparado para avançar. Quando o lead é qualificado, ele é transferido para o Closer, que assume a negociação com informações completas, garantindo uma abordagem mais eficiente e personalizada.

Por exemplo, em um diagnóstico tributário, o SDR pode identificar que um dos sócios necessita do serviço, porém precisa da anuência do outro sócio para a aprovação do projeto. Essa informação é repassada ao Closer, que entra na negociação com um plano direcionado para atender a todos os sócios, otimizando o tempo e aumentando as chances de conversão.

O método BANT, combinado com uma equipe estruturada de SDRs e Closers, é uma estratégia eficiente para qualificar leads e garantir que cada contato seja tratado de maneira personalizada.

SPIN SELLING: CONSTRUINDO RELACIONAMENTOS DE ALTO VALOR

Já abordamos o social selling, o BANT, e agora chegou a hora de falar sobre o SPIN selling e sua importância no processo comercial jurídico. Criado por Neil Rackham, o SPIN selling é uma metodologia estratégica de vendas que se destaca em negociações mais complexas e consultivas, como as que ocorrem no mercado jurídico.[38] Baseia-se na formulação de quatro tipos de perguntas representadas pelo acrônimo SPIN: Situação, Problema, Implicação e Necessidade de solução.

1. Situação:

Você faz perguntas que ajudam a entender o contexto do cliente. É o momento de reunir informações sobre a situação atual dele e os desafios que está enfrentando.

2. Problema:

O foco é descobrir os problemas específicos que o cliente está enfrentando. Muitas vezes, isso ainda não está claro, e essa é sua oportunidade de ajudá-lo a reconhecer as dificuldades.

---

[38] RACKHAM, N. **SPIN Selling**: a venda de soluções para grandes clientes. São Paulo: Makron Books, 1994.

3. Implicação:

O objetivo é mostrar as consequências de não resolver o problema. Você precisa ajudar o cliente a entender o que está em jogo e como a falta de ação pode prejudicá-lo no longo prazo.

4. Necessidade de solução:

Por fim, você conduz o cliente a perceber que precisa de uma solução, que é justamente o que você está oferecendo. Nesse ponto, o cliente já entende a gravidade do problema e está mais inclinado a agir.

O grande diferencial do SPIN selling é que ele transforma o processo de vendas em uma consultoria. O cliente sente que você está realmente preocupado em entender os problemas e oferecer soluções, em vez de apenas tentar fechar uma venda. Ao fazer as perguntas certas, você guia o cliente a tomar a decisão naturalmente, com confiança e clareza.

A COMBINAÇÃO EXPLOSIVA DE VENDAS

Ao reunir as técnicas de vendas (social selling, BANT, SPIN selling) e adotar um sistema de CRM,[39] você cria uma verdadeira máquina de

---

[39] O **CRM (Customer Relationship Management)** é uma ferramenta ou um sistema que ajuda empresas a gerenciarem e melhorarem o relacionamento com seus clientes. Ele permite armazenar informações detalhadas sobre clientes e leads, acompanhar interações, automatizar processos de vendas, marketing e atendimento, além de fornecer insights valiosos para aumentar a eficiência e a satisfação do cliente. Em resumo, o CRM organiza e potencializa as relações comerciais.

vendas. Essas ferramentas, integradas, oferecem uma abordagem completa que atrai potenciais clientes, guiando-os até a contratação e otimizando cada etapa do processo.

O social selling é o primeiro passo. Ele permite que você use redes sociais, como Instagram ou LinkedIn, para se conectar com empresários, educá-los sobre questões de sua advocacia e posicionar-se como uma autoridade no assunto. A ideia aqui não é vender diretamente, mas criar engajamento e confiança, transformando seguidores em leads qualificados.

Por exemplo, imagine que você publica um carrossel explicando quem tem direito a pensão alimentícia. Esse conteúdo atrai a atenção pais e mães, que começam a interagir com seu post, curtindo, comentando ou enviando mensagens diretas. É nesse momento que o social selling abre as portas para uma conversa estratégica.

Com os leads atraídos pelas redes sociais, o método de vendas BANT entra em cena para qualificar esses contatos. Por meio de algumas perguntas ele ajuda a avaliar orçamento, autoridade, necessidade e momento, garantindo que você priorize quem está realmente pronto para avançar.

Com o lead qualificado pelo BANT, a metodologia de vendas SPIN selling ajudará você a estruturar a conversa com o lead e conduzi-la consultivamente. Essa metodologia é perfeita para o mundo jurídico, visto que muitos clientes não têm clareza sobre suas necessidades ou as implicações financeiras de não agir.

Imagine que você está em uma reunião com uma mãe que demonstrou interesse em seu carrossel sobre pensão alimentícia. Usando a metodologia de vendas SPIN selling, você pode seguir o fluxo apresentado a seguir.

S – Perguntas de situação

- Quem atualmente é o responsável financeiro pela criança ou adolescente?
- Qual é a renda mensal do responsável pelo pagamento da pensão?
- Existe um acordo judicial estabelecido ou a pensão está sendo paga de maneira informal?
- Há algum histórico de atrasos ou disputas relacionadas ao pagamento da pensão?

P – Perguntas de problema

- Você sente que o valor atual da pensão não é suficiente para cobrir as necessidades básicas da criança?
- Quais dificuldades têm surgido em relação à regularização ou ao cumprimento da pensão alimentícia?
- Caso a pensão não esteja sendo paga regularmente, como isso tem impactado o bem-estar da criança?
- Há algum problema em calcular ou ajustar o valor com base na renda do responsável?

I – Perguntas de implicação

- Se o valor da pensão continuar inadequado, como isso pode afetar a educação ou a saúde da criança no longo prazo?
- Caso a situação não seja resolvida judicialmente, há risco de conflitos maiores entre as partes envolvidas?
- A falta de regularização da pensão pode comprometer a estabilidade financeira da família?
- Como o atraso ou a inadimplência na pensão pode impactar o relacionamento familiar e o bem-estar emocional da criança?

N – Perguntas de necessidade de solução

- O que seria ideal para garantir que as necessidades da criança sejam atendidas de maneira adequada e estável?
- Você já considerou buscar um advogado para ajustar o valor ou formalizar o acordo judicialmente?
- Como seria ter um planejamento claro e seguro para garantir a regularidade da pensão alimentícia?
- Quais benefícios você vê em resolver essa questão o mais rápido possível?

GUIE O CLIENTE PARA ENXERGAR O VALOR DO QUE VOCÊ OFERECE.

FAÇA DIREITO, FAÇA DINHEIRO
@alexandresilva_adv

Você já parou para pensar como algumas perguntas, quando bem colocadas, podem mudar completamente o rumo de uma conversa com um cliente? É isso que o método SPIN selling faz. Com perguntas estratégicas, você consegue entender as dores do cliente e criar um cenário no qual ele mesmo percebe que precisa de sua solução.

E sabe o que é mais incrível? Não é manipular ou pressionar. É guiar o cliente para enxergar o valor do que você oferece. Com o SPIN, você transforma uma simples conversa em uma oportunidade real de fechar um contrato, sem parecer que está "vendendo" algo.

No final, o cliente não sente que foi convencido, mas que tomou uma decisão consciente e alinhada com as próprias necessidades. E isso é o que diferencia quem apenas vende de quem cria conexões reais e duradouras. Isso muda o jogo, alterando a percepção que o cliente tem de seu trabalho.

Então, da próxima vez que estiver conversando com um cliente, pense nisto: com poucas perguntas certas, você pode abrir portas para grandes resultados. E o melhor de tudo? Sem forçar nada, apenas mostrando o caminho.

Vale ressaltar que não é preciso ter um SDR ou um Closer para começar a vender. No início das atividades do escritório, era eu quem fazia esses papéis; ou seja, não espere a condição perfeita, comece hoje da forma que você está e em breve poderá contar com uma estrutura maior.

GESTÃO EFICIENTE

Integrar todas essas etapas pode parecer desafiador, mas com a ajuda de um CRM tudo se torna mais simples e eficiente. Em nosso escritório, usamos o Pipedrive, uma ferramenta indispensável para organizar leads, acompanhar interações e garantir que nenhuma oportunidade seja perdida. Com o Pipedrive, conseguimos:

- **Rastrear interações:** identificamos de onde cada lead veio, quais perguntas foram respondidas e em qual etapa do funil de vendas ele está. Essa visão clara nos permite agir com estratégia.
- **Automatizar tarefas:** agendamos follow-ups, criamos lembretes automáticos e gerenciamos prazos, mantendo o processo de vendas sempre em movimento.
- **Priorizar leads:** o CRM nos ajuda a destacar os clientes mais próximos de fechar negócio, permitindo que foquemos o que realmente importa.
- **Analisar métricas:** monitoramos taxas de conversão, ajustamos estratégias e identificamos gargalos com base em dados reais.

Se o Pipedrive despertou seu interesse, aproveite para experimentá-lo gratuitamente por trinta dias.[40]

---

[40] PIPEDRIVE. Disponível em: bit.ly/3TdovuW. Acesso em: 11 fev. 2025.

PLANO DE AÇÃO:
FECHE MAIS NEGÓCIOS COM UMA ESTRATÉGIA IRRESISTÍVEL

Passo 1: crie uma campanha direcionada aos leads ainda não convertidos.

- **Ação:** utilize sua lista de contatos ou aplique técnicas de social selling para alcançar novos potenciais clientes.
- **Objetivo:** gerar engajamento com leads que já demonstraram interesse ou estão em seu radar.

Passo 2: ofereça um bônus exclusivo com prazo limitado.

- **Ação:** envie mensagens via WhatsApp ou e-mail com a oferta de uma auditoria jurídica gratuita.
- **Objetivo:** incentivar o agendamento de reuniões estratégicas.

Passo 3: realize apresentações em grupo.

- **Ação:** organize encontros virtuais com grupos de oito a dez potenciais clientes, usando ferramentas como Zoom ou Google Meet.
- **Objetivo:** demonstrar como seus serviços jurídicos podem resolver problemas reais e gerar resultados tangíveis.

Passo 4: ofereça condições especiais para fechamento imediato.

- **Ação:** apresente um serviço adicional para quem fechar o contrato no mesmo dia.
- **Objetivo:** criar urgência e aumentar a conversão.
- **Proposta:** fechar pelo menos dois contratos de alto valor.
- **Frequência:** execute essa estratégia a cada semana.
- **Expectativa:** escalar os resultados progressivamente, fortalecendo o funil de vendas e ampliando a conversão.

9

ESTRUTURE UM NEGÓCIO SUSTENTÁVEL

"Mas a vereda dos justos é como a luz da aurora, que vai brilhando mais e mais até ser dia perfeito." –
Provérbios 4:18

Depois de construir uma base sólida para seu escritório de advocacia – com uma identidade forte e presença digital marcante –, chegou a hora de falar sobre algo essencial: crescimento sustentável. Crescer é ótimo, mas crescer do jeito certo é o verdadeiro desafio.

Muitos escritórios conseguem atrair clientes e aumentar o faturamento, mas, sem um plano bem-estruturado, esse crescimento pode virar uma baita dor de cabeça. Já viu empresas que cresceram rápido demais e acabaram sobrecarregadas, com problemas operacionais e clientes insatisfeitos? Pois é, crescer sem controle é como construir uma casa sem fundação: basta a primeira tempestade para tudo desabar.

Aqui, a ideia não é transformar você em um consultor financeiro, mas mostrar como identificar os sinais vitais de seu escritório. Pense nisso como cuidar da saúde: prevenir problemas é sempre mais fácil e menos doloroso do que ter que remediar depois.

PERIGO À VISTA!

Crescer de qualquer jeito é perigoso. Não importa se você trabalha sozinho ou com vários sócios, a regra é a mesma: crescimento desordenado gera gargalos, frustra clientes e pode prejudicar sua reputação no mercado. E vamos combinar: ninguém quer ser o advogado que promete muito e entrega pouco.

Se você deseja crescer com segurança, precisa prestar atenção nos números. E calma, não precisa ser um gênio da matemática. Apresentarei algumas ferramentas simples que usamos em nosso escritório para garantir que o crescimento seja saudável e sustentável.

O MAPA FINANCEIRO DE SEU ESCRITÓRIO

O Demonstrativo de Resultados do Exercício (DRE) é como um mapa que mostra de modo preciso onde seu escritório está financeiramente e para onde pode ir. Ele organiza receitas, custos e despesas, deixando claro se você está realmente lucrando ou só se iludindo.

Como funciona?

1. **Receita bruta:** tudo o que você faturou.
2. **Deduções:** impostos e descontos.
3. **Receita líquida:** o que sobra após as deduções.
4. **Custos:** gastos diretamente ligados aos serviços que você presta.
5. **Despesas operacionais:** aluguel, salários, marketing, entre outros.

6. **Lucro operacional:** o que sobra antes dos impostos.
7. **Lucro líquido:** o que realmente vai para seu bolso.

Vamos ver isso na prática: imagine que, em um mês, seu escritório faturou 100 mil reais. Após deduzir impostos e descontos de 20 mil reais, a receita líquida é de 80 mil reais. Seus custos diretos com serviços foram de 30 mil reais, e as despesas operacionais somaram 40 mil reais. O lucro operacional ficou em 10 mil reais. Depois de pagar mais 5 mil reais de impostos sobre o lucro, o lucro líquido será de 5 mil reais.

Esse exemplo simples mostra como o DRE ajuda a entender exatamente para onde o dinheiro está indo e se você está lucrando de verdade.

O BATIMENTO CARDÍACO DE SEU NEGÓCIO

Se o DRE é o mapa, o fluxo de caixa é o batimento cardíaco de seu escritório. Ele monitora tudo o que entra e sai, garantindo que você sempre tenha dinheiro suficiente para pagar as contas, investir e crescer.

Agora imagine que, em determinado mês, seu escritório faturou 500 mil reais, mas as despesas totalizaram 600 mil reais. O resultado? Um déficit de 100 mil reais. Isso pode acontecer, mesmo com um faturamento alto, se você não acompanhar de perto o fluxo de caixa.

No livro *Crescimento exponencial: transforme sua empresa em uma máquina geradora de caixa*, Sérgio Ferreira enfatiza a importância de conciliar o crescimento empresarial com a geração de caixa.[41] Ele destaca que manter o caixa sempre positivo é fundamental para a sustentabilidade dos negócios, independentemente do porte da empresa.

Dica de ouro: mantenha uma reserva financeira equivalente a pelo menos seis meses de despesas fixas. Esse "colchão" financeiro dá segurança para lidar com imprevistos, como atrasos nos pagamentos ou períodos de baixa.

O TERMÔMETRO DO SUCESSO

Se você quer saber se está no caminho certo, precisa medir cada passo. E é aí que entram os KPIs (em inglês *Key Performance Indicators*), ou indicadores de desempenho, que mostram o que está funcionando bem e o que precisa ser ajustado.

Ticket médio

O ticket médio mostra quanto, em média, cada cliente está pagando. Esse número é útil para entender se você está atraindo clientes de alto valor ou se precisa ajustar seus preços. Se, no último trimestre, o escritório faturou 120 mil reais e atendeu 30 clientes, o cálculo é o seguinte:

Ticket médio = R$ 120.000 ÷ 30 = R$ 4.000 por cliente.

---

[41] FERREIRA, S. **Crescimento exponencial**: transforme sua empresa em uma máquina geradora de caixa. Rio de Janeiro: Alta Books, 2023.

Índice de retenção

O índice de retenção mede a capacidade do escritório de manter os clientes ao longo do tempo. Ele é fundamental, porque manter o que já tem é muito mais barato do que conquistar um novo. A fórmula para calcular esse índice é:

$$\text{Índice de Retenção} = ([\text{Clientes no fim do período} - \text{Novos clientes}] \div \text{Clientes no início do período}) \times 100$$

Se, no início do mês, o escritório tinha 50 clientes, adquiriu 10 novos e, ao final do mês, manteve 55, o índice de retenção é de:

$$\text{Índice de retenção} = ([55 - 10] \div 50) \times 100 = 90\%$$

Isso significa que 90% dos clientes continuaram usando os serviços do escritório, o que indica uma boa retenção.

Custo de aquisição de clientes (CAC)

Trata-se do valor médio que você gasta para conquistar cada novo cliente. Ele inclui todos os custos relacionados a marketing e vendas. A fórmula é:

$$\text{CAC} = \text{Total investido em aquisição} \div \text{Número de novos clientes}$$

Se o escritório gastou 10 mil reais em marketing e vendas em um mês e conquistou cinco novos clientes, o CAC é de:

$$CAC = R\$\ 10.000 \div 5 = R\$\ 2.000 \text{ por cliente}$$

Com essa métrica, você consegue avaliar se o investimento em marketing está valendo a pena e ajustar a estratégia para garantir um crescimento mais eficiente.

Lifetime Value (LTV)

O *Lifetime Value* mostra quanto cada cliente gera de receita ao longo do relacionamento com o escritório.

Imagine que o ticket médio de seu escritório seja de 4 mil reais por ano e que, em média, os clientes permaneçam ativos por três anos. O cálculo do LTV é simples:

$$LTV = \text{Ticket médio} \times \text{Tempo de retenção}$$
$$LTV = R\$\ 4.000 \times 3 = R\$\ 12.000$$

Isso significa que, ao longo de três anos, cada cliente gera uma receita total de 12 mil reais para seu escritório. Com essa informação, você consegue planejar melhor os investimentos em aquisição de clientes, garantindo que o CAC não ultrapasse uma porcentagem saudável do LTV.

Net Promoter Score (NPS)

Embora a maioria dos advogados ignore o *Net Promoter Score*, ele deveria ser tratado como um dos KPIs mais importantes para qualquer escritório, pois é essencial para entender o nível de satisfação e lealdade dos clientes. O NPS mede a probabilidade de eles recomendarem seu escritório para outras pessoas, e isso é um ótimo indicativo da qualidade do serviço prestado e da confiança depositada em você.

Você pergunta: "De 0 a 10, qual é a probabilidade de você recomendar nosso escritório para um amigo ou colega?". Com base na resposta, os clientes são classificados em três grupos:

- **Promotores (notas 9 e 10):** aqueles extremamente satisfeitos e com alta probabilidade de recomendar seu escritório.
- **Neutros (notas 7 e 8):** satisfeitos, mas não encantados. Provavelmente não falarão mal, mas também não recomendarão.
- **Detratores (notas 0 a 6):** insatisfeitos e com tendência a criticar seu escritório, prejudicando sua reputação.

A fórmula é simples:

$$NPS = \% \text{ de Promotores} - \% \text{ de Detratores}$$

Se você fez a pergunta para cem clientes e obteve sessenta promotores, trinta neutros e dez detratores, o cálculo será:

$$NPS = (60 \div 100) \times 100 - (10 \div 100) \times 100 = 60\% - 10\% = 50$$

Nesse caso, o NPS será 50, um valor considerado bom. O ideal é manter o NPS sempre acima de 50, indicando que a maioria dos clientes está satisfeita e disposta a recomendar seus serviços.

Monitore o NPS regularmente e use o feedback dos clientes para melhorar sempre. Um NPS alto não só aumenta a retenção, mas também impulsiona as indicações, ajudando no crescimento sustentável do escritório.

GESTÃO DE PESSOAS

Até agora falamos bastante sobre números, mas nenhum escritório cresce sem as pessoas certas. Você pode ter os melhores indicadores do mundo, mas, no final das contas, são as pessoas que fazem tudo acontecer, transformando planos em resultados

Gestão de pessoas é uma responsabilidade que me acompanha há mais de vinte anos, desde a época em que trabalhava na Nestlé, e posso dizer com certeza: sempre estou aprendendo. Cada dia traz novos desafios, situações inesperadas e, claro, lições valiosas. Se há algo que aprendi nesse tempo todo, é que gerir pessoas não é uma tarefa que você domina de uma vez por todas. É um processo contínuo, que exige empatia, paciência e, acima de tudo, humildade para reconhecer que você não sabe tudo.

Quando entrei no mercado jurídico e iniciei as atividades do Rebechi & Silva, percebi que o desafio não seria menor. Se na Nestlé eu lidava com equipes grandes, dinâmicas e complexas, agora eu tinha que construir um time do zero, com valores alinhados ao propósito do escritório. E, como todo empreendedor, cometi erros no começo. Porém, foi errando, ajustando e aprendendo que comecei a entender a verdadeira essência da gestão de pessoas.

Liderar equipes é, sem dúvida, uma das tarefas mais desafiadoras – e, ao mesmo tempo, uma das mais gratificantes – de qualquer empreendimento. Na advocacia, o desafio é ainda maior. Lidamos com profissionais altamente capacitados, que muitas vezes têm perfis técnicos e buscam reconhecimento constante. Além disso, o ambiente jurídico é intenso, com prazos apertados, cobranças constantes e a necessidade de excelência em tudo. Gerir pessoas nesse contexto exige um equilíbrio entre autoridade, inspiração e apoio.

Gerir pessoas não é apenas distribuir tarefas ou cobrar resultados. É alinhar expectativas, motivar a equipe e criar um ambiente onde todos sintam que estão caminhando na mesma direção. No início do Rebechi & Silva, percebi que o desalinhamento era o maior inimigo da produtividade. Certa vez, um advogado do escritório me disse: "Dr. Alexandre, estou trabalhando muito, mas não sei se estou indo na direção certa". Foi aí que percebi a importância de deixar claro para a equipe aonde queremos chegar, quais são nossos objetivos e como cada um pode contribuir para alcançá-los.

No escritório, adotamos reuniões semanais rápidas – as famosas *one-on-one* – para garantir que cada membro da equipe saiba exatamente o que se espera dele. E, mais importante, para ouvir. Porque a gestão de pessoas requer também ouvir.

Criando uma cultura de alta performance

Nesses vinte anos de experiência, aprendi que cultura não é o que você escreve nos murais ou nos manuais; é o que você tolera. Se você aceita atrasos, desculpas ou desorganização, isso se torna parte da cultura. Mas se você valoriza compromisso, excelência e respeito, esses valores permeiam toda a equipe.

No Rebechi & Silva, trabalhamos para criar uma cultura de alta performance baseada em três pilares:

1. Valores claros e vividos: a transparência é mais do que uma palavra bonita. É um valor que praticamos todos os dias, seja com os clientes ou internamente.
2. Reconhecimento constante: um simples "parabéns" pode transformar o dia de alguém. Celebramos cada vitória, por menor que seja, porque sabemos que o reconhecimento é um combustível poderoso.
3. Desenvolvimento contínuo: investimos no crescimento da equipe, oferecendo treinamentos, cursos e até mesmo mentorias externas. Porque um time que aprende junto cresce junto.

Ser líder no mercado jurídico é desafiador porque, além de gerir pessoas, você é visto como um exemplo. Os advogados olham para você e esperam integridade, conhecimento e coerência.

Eu nunca esqueço uma lição valiosa que aprendi quando ainda era gerente na Nestlé, com um dos vendedores de minha equipe. Enquanto eu reforçava a importância de revisar com atenção cada detalhe nos relatórios de vendas, ele calmamente me entregou um documento que eu mesmo havia preparado e apontou uma pequena inconsistência. Com educação, ele disse: "Alexandre, acho que podemos ajustar este ponto para ficar mais claro". Naquele instante, percebi que liderar não se resume a ensinar, mas também a ser humilde, estar aberto ao aprendizado e disposto a corrigir quando necessário. A verdadeira liderança começa pelo exemplo.

Retendo talentos

Talentos são o ativo mais valioso. Reter os melhores profissionais não é apenas uma questão de salário; envolve oferecer um ambiente no qual eles se sintam valorizados, desafiados e, acima de tudo, respeitados. Um alto *turnover* de uma empresa também pode ser um KPI. Em nosso escritório, criamos um plano de desenvolvimento individual para cada membro da equipe, deixando claro que o crescimento deles é tão importante quanto o do escritório.

MOTOR DO CRESCIMENTO

Crescer sustentavelmente é um desafio, mas também uma oportunidade de construir algo sólido e duradouro. O fluxo de caixa, o DRE e os KPIs são ferramentas que ajudam a navegar com segurança, mas lembre-se sempre: o crescimento não é somente uma questão de números. Requer a criação de um escritório que inspire confiança, entregue valor e esteja preparado para os desafios do futuro. No fim das contas, as pessoas é que são o motor do crescimento sustentável. Gerir pessoas exige dedicação, empatia e, sim, um pouco de paciência. Mas os resultados valem a pena. Afinal, como Zig Ziglar disse, "você constrói pessoas, e elas constroem o negócio".[42]

Agora é com você! Implemente as ferramentas deste capítulo em seu escritório e prepare-se para crescer como nunca.

---

[42] ZIGLAR, Z. **Rumo ao topo**: as estratégias de Zig Ziglar para o sucesso pessoal e profissional. Rio de Janeiro: Sextante, 2007.

PLANO DE AÇÃO:
CALCULE O CAC DE SEU ESCRITÓRIO

Se você quer entender quanto custa, em média, conquistar um novo cliente, calcular o custo de aquisição de clientes (CAC) é essencial. A seguir, você encontra um plano de ação, passo a passo, para ajudar a chegar a esse número.

Passo 1: levante os custos de aquisição.
Reúna todos os valores relacionados à captação de novos clientes em determinado período.

- Gastos com anúncios (Google Ads, Facebook Ads etc.).
- Custos de produção de conteúdo (vídeos, materiais promocionais).
- Despesas com eventos e campanhas.
- Salários e comissões da equipe de vendas e marketing.

Se, no último trimestre, você gastou 15 mil reais com anúncios, 5 mil reais com produção de conteúdo e 10 mil reais com a equipe de vendas, o total será de 30 mil reais.

Passo 2: conte o número de novos clientes adquiridos.
Anote quantos novos clientes seu escritório conquistou no mesmo período analisado. Vamos supor que, nesse trimestre, você conquistou quinze novos clientes.

Passo 3: calcule o CAC.

Divida o total de custos de aquisição pelo número de novos clientes adquiridos. Se o total de custos foi de 30 mil reais e você conquistou quinze novos clientes, o CAC será de 2 mil reais por cliente.

Passo 4: analise o resultado.

Depois de calcular o CAC, é importante avaliar se ele está dentro de um patamar saudável para seu negócio.

Passo 5: otimize suas estratégias.

Se o CAC estiver acima do ideal, algumas estratégias podem ajudar a reduzi-lo:

- **Melhore a segmentação das campanhas:** direcione seus esforços para um público mais qualificado.
- **Invista em marketing de conteúdo:** conteúdos relevantes e gratuitos podem atrair potenciais clientes sem grandes investimentos.
- **Aproveite indicações:** clientes já satisfeitos podem indicar outros novos, reduzindo drasticamente o custo de aquisição.

Passo 6: monitore periodicamente.

O CAC não é uma métrica que se calcula uma única vez. É importante monitorá-lo periodicamente, pelo menos a cada trimestre, para garantir que suas estratégias de captação continuem eficazes e ajustá-las sempre que necessário.

10

RESULTADOS E MELHORIA CONTÍNUA

"O que não é medido, não é gerenciado."
– Peter Drucker[43]

Chegamos ao último – e talvez mais importante – passo deste livro: resultados e melhoria contínua. Até aqui, falamos sobre construir uma identidade forte, desenvolver estratégias de marketing e vendas, otimizar operações e garantir crescimento. Mas nada disso terá impacto real no longo prazo se você não medir os resultados e ajustar o caminho continuamente.

O grande erro de muitos escritórios é parar logo depois de implementar boas estratégias. Eles planejam, executam, mas não monitoram nem ajustam. E o que acontece? Com o tempo, até as melhores ideias perdem eficácia. Por isso, medir e reavaliar constantemente é fundamental. Sem isso, você corre o risco de desperdiçar tempo, dinheiro e oportunidades.

Para garantir que seu escritório esteja sempre evoluindo, convém usar uma ferramenta simples, mas poderosa: *Objectives and Key Results* (OKRs). Essa metodologia ajuda a transformar grandes metas em objetivos claros e mensuráveis, para que você acompanhe o progresso com precisão.

---

[43] DRUCKER, P. F. **A prática da administração.** São Paulo: Pioneira, 1998.

O QUE SÃO OKRS?

Os *Objectives and Key Results* – em português, objetivos e resultados-chave – são uma metodologia que permite organizar suas metas de maneira clara e direta, conectando o que você deseja alcançar com indicadores que medem o progresso.

- **Objetivo:** o que você quer atingir. Deve ser algo inspirador, claro e desafiador.
- **Resultados-chave:** como você medirá se está alcançando o objetivo. Eles precisam ser específicos, mensuráveis e baseados em dados concretos.

COMO DEFINIR OKRS EFICAZES?

1. Seja claro e direto:

Defina objetivos que todos na equipe possam entender. Evite termos complexos ou metas vagas.

2. Mantenha o foco:

Escolha poucos objetivos, mas que sejam realmente importantes para o crescimento do escritório.

3. Estabeleça resultados mensuráveis:

Cada resultado-chave deve ter um indicador claro. Assim, você saberá exatamente quando atingiu a meta.

Exemplo prático de OKR em um escritório de advocacia

Objetivo: melhorar a satisfação e a retenção de clientes.

Resultados-chave:

- Aumentar o NPS de 7,5 para 8,5 nos próximos seis meses.
- Reduzir a taxa de cancelamento de 10% para 5% em um ano.
- Implementar um programa de relacionamento com clientes que gere pelo menos cinco novas indicações por mês.

Perceba como os resultados-chave são específicos e mensuráveis. Isso garante que você consiga acompanhar o progresso e, mais importante, saber exatamente o que precisa ser ajustado.

OKRS NA PRÁTICA: COLOCANDO A MÃO NA MASSA

Definir OKRs é só o começo. O verdadeiro impacto vem quando você os aplica e monitora regularmente. Observe a seguir um guia rápido para usar essa metodologia em seu escritório.

1. **Defina os OKRs trimestrais:** escolha de três a cinco objetivos por trimestre, com até quatro resultados-chave para cada um.
2. **Acompanhe o progresso regularmente:** reúna a equipe periodicamente para revisar o progresso dos OKRs e discutir possíveis ajustes.
3. **Aprenda com o processo:** ao final de cada trimestre, avalie o que deu certo e o que precisa ser melhorado. Use essas informações para definir os próximos OKRs.

EXEMPLOS REAIS: OKRS EM ESCRITÓRIOS DE ADVOCACIA

Contarei dois casos reais que ilustram bem como a aplicação de OKRs pode transformar a gestão de um escritório de advocacia.

Caso 1: escritório de Direito Empresarial

Esse escritório enfrentava um problema recorrente: alta rotatividade de clientes. A equipe estava preocupada, pois, apesar de conquistar novos clientes com frequência, vários deles não permaneciam por muito tempo.

Objetivo: aumentar a retenção de clientes.

Resultados-chave:

- Reduzir a taxa de cancelamento de 15% para 7% em um ano.
- Realizar reuniões de acompanhamento trimestrais com 80% dos clientes ativos.
- Implementar um sistema de feedback contínuo, obtendo pelo menos vinte respostas por mês.

Com o acompanhamento regular desses OKRs, o escritório conseguiu identificar rapidamente os pontos de insatisfação dos clientes e corrigir falhas no atendimento. Em menos de um ano, a taxa de retenção melhorou de modo significativo, e o faturamento se tornou mais previsível.

Caso 2: escritório de Direito Tributário

Esse escritório já era bem-sucedido na captação de clientes, mas queria aumentar o ticket médio, oferecendo serviços mais completos e personalizados.

Objetivo: aumentar o ticket médio dos clientes em 20%.

Resultados-chave:

- Desenvolver e lançar dois novos serviços de consultoria premium até o final do semestre.
- Oferecer esses novos serviços a pelo menos 50% dos clientes da base atual.
- Treinar a equipe comercial para identificar oportunidades de *upsell* em cada reunião com clientes.

Os resultados foram surpreendentes. Não apenas o ticket médio aumentou, como os novos serviços fortaleceram a relação com os clientes, que passaram a ver o escritório como um parceiro estratégico, e não apenas como um prestador de serviços.

POR QUE REAVALIAR CONSTANTEMENTE É CRUCIAL?

O mercado jurídico está em constante evolução. Novas demandas surgem, novos concorrentes aparecem, e as expectativas dos clientes mudam. Se você não revisar suas estratégias continuamente, ficará para trás. Com a metodologia OKR, você assume o controle do crescimento de seu escritório. Mais do que uma ferramenta, trata-se de uma forma de pensar e agir de maneira orientada a resultados, pois ajuda a manter o foco nas metas mais importantes, acompanhar o progresso e ajustar o que for necessário.

O segredo do crescimento sustentável é simples: definir objetivos claros, medir constantemente e nunca parar de melhorar. Essa metodologia transformou completamente a forma como gerencio meu escritório, garantindo que cada passo tenha propósito e que cada resultado seja mensurável.

FINALIZANDO COM ATITUDE

Crescer com consistência não é sorte, é estratégia. Ter objetivos claros, medir resultados e ajustar constantemente são atitudes que diferenciam escritórios que prosperam daqueles que apenas sobrevivem. Lembre-se: não basta querer crescer, é preciso agir com foco e disciplina.

Está preparado para sair na frente e transformar seu escritório em um verdadeiro case de sucesso? A partir de agora, cada objetivo bem-definido e cada resultado acompanhado o aproximam do escritório de seus sonhos. Você já chegou até aqui, agora só falta dar o próximo passo.

Então, mãos à obra! Defina seus OKRs, envolva sua equipe e comece essa jornada de crescimento exponencial. O mercado está cheio de desafios, mas também repleto de oportunidades para quem se dispõe a evoluir. E você já está pronto para liderar essa transformação!

MEDIR E REAVALIAR CONSTANTEMENTE É FUNDAMENTAL.

FAÇA DIREITO, FAÇA DINHEIRO
@alexandresilva_adv

PLANO DE AÇÃO:

APLIQUE OKRS PARA O CRESCIMENTO SUSTENTÁVEL DE SEU ESCRITÓRIO

Passo 1: defina os objetivos.

Escolha de uma a três grandes metas para o próximo trimestre. Certifique-se de que sejam inspiradoras, desafiadoras e diretamente relacionadas ao crescimento de seu escritório. Exemplos:

- Melhorar a retenção de clientes.
- Aumentar a visibilidade do escritório nas redes sociais.
- Otimizar a eficiência operacional.

Passo 2: estabeleça os resultados-chave.

Para cada objetivo, defina de dois a quatro resultados-chave que sejam específicos, mensuráveis e alcançáveis. Exemplo de resultados-chave para o objetivo de "Melhorar a retenção de clientes":

- Reduzir a taxa de *churn* de 10% para 5% em três meses.
- Aumentar o NPS de 7,5 para 8,5 até o final do trimestre.
- Criar um programa de relacionamento com clientes que gere pelo menos cinco novas indicações por mês.

Passo 3: monitore o progresso semanalmente.

Agende reuniões rápidas (quinze a trinta minutos) com a equipe toda semana para revisar o progresso dos OKRs, identificar obstáculos e discutir possíveis ajustes.

Use ferramentas simples, como planilhas ou softwares de gestão de projetos, para acompanhar e atualizar o status dos resultados-chave.

Passo 4: avalie e recalibre ao final do trimestre.

Ao final do período, faça uma reunião de avaliação. Veja quais objetivos foram alcançados, o que funcionou bem e o que pode ser melhorado para o próximo ciclo de OKRs. Perguntas para reflexão:

- O que nos ajudou a atingir os resultados?
- O que precisamos ajustar para o próximo ciclo?
- Houve algum aprendizado importante que possamos aplicar daqui em diante?

Resumo do plano de ação

- Definir objetivos claros e inspiradores.
- Estabelecer resultados-chave mensuráveis para cada objetivo.
- Monitorar semanalmente o progresso e ajustar o que for necessário.
- Revisar ao final do trimestre e definir novos OKRs.

Este plano de ação simples dará clareza, foco e agilidade à gestão de seu escritório, garantindo que você cresça de modo sustentável, com base em dados concretos e decisões estratégicas bem fundamentadas.

11

AGENDA LOTADA E BOLSO CHEIO

"Não é a voz externa que fará você desistir. O importante é o que você diz para si. As conversas mais importantes que terá são consigo mesmo." – David Goggins

hegamos a um ponto crucial de nossa jornada. Até aqui, falamos sobre construção de autoridade, estratégias de marketing e vendas, otimização de operações e o tão importante crescimento sustentável. Mas, ao mesmo tempo, sei que você, leitor, pode estar se perguntando: *Será que esse método realmente funciona para mim?*

Essa dúvida é natural. Afinal, muitos advogados já seguiram metodologias e fórmulas de "gurus da internet" sem ver resultados reais. É comum encontrar pessoas que desenvolvem métodos teóricos sem ter uma vivência prática. No entanto, o que eu trago para você aqui é baseado em minha vivência real de mais de vinte anos de experiência profissional no mundo corporativo, em meus resultados concretos e na trajetória de sucesso de nosso escritório.

Quando comecei o Rebechi & Silva Advogados Associados, éramos apenas quatro pessoas em uma sala de 30 metros quadrados. Estávamos dando os primeiros passos na advocacia, com poucos recursos, mas com uma visão clara do que queríamos alcançar.

Agora, com mais de vinte colaboradores em nossa equipe, atendendo empresas que faturam mais de 50 milhões de reais por mês, posso dizer com total segurança: esse método funciona. Mas o mais importante é que ainda estamos apenas começando. Nosso objetivo é ir ainda mais longe.

Você pode estar pensando: *Ok, Alexandre, seu método funcionou para você, mas será que funciona para mim?* A resposta é simples: sim, funciona. E não importa se você está começando a advogar agora ou se já tem anos de profissão. Esse método foi criado para ser aplicado a qualquer área do Direito, seja você um advogado tributarista, trabalhista, civilista ou de qualquer outro ramo.

Se você está lendo este livro, é provável que já tenha investido em outras metodologias ou tentado outros caminhos para crescer na advocacia, mas talvez sem obter os resultados esperados. Eu sei como é essa sensação de frustração. O mercado está cheio de promessas de crescimento rápido e resultados mágicos. Mas a verdade é que não há atalhos.

O crescimento real exige estratégia, esforço e constância.

O diferencial do método que apresento aqui é ser baseado em prática, não em teoria. Eu vivi cada etapa que compartilho com você, apliquei essas estratégias em meu escritório e, com elas, construí um negócio sólido e altamente lucrativo.

O tamanho de seu escritório hoje não importa, nem o porte de seus clientes. O que importa é sua decisão de aplicar o método com consistência. E eu posso garantir que, se você seguir os passos descritos aqui, os resultados virão.

VAI FUNCIONAR PARA VOCÊ!

Chegou a hora de colocar tudo em prática. E não se preocupe se, a princípio, alguns passos parecerem desafiadores. A prática faz com que você evolua. O importante é começar a aplicar as estratégias, mesmo que aos poucos.

Aqui estão algumas dicas para que você possa tirar o máximo proveito do método e aplicá-lo ao seu escritório:

- **Priorize a execução em detrimento da perfeição:** muitos advogados ficam paralisados pela busca da perfeição em cada detalhe. O importante é agir. Como sempre digo, a quantidade gera qualidade. Se você está produzindo conteúdo ou implementando novas estratégias, a prática diária melhorará sua abordagem e, com o tempo, você se tornará cada vez mais eficaz.
- **Crie metas claras e alcançáveis:** defina metas de curto, médio e longo prazo para seu escritório. Isso manterá você e sua equipe focados no crescimento contínuo.
- **Monitore os resultados e faça ajustes:** use ferramentas de gestão para monitorar o progresso de seu escritório. O crescimento sustentável depende da capacidade de avaliar o que está funcionando e ajustar o que não está.

Depois de seguir todas as etapas descritas neste livro, você tem nas mãos um plano estruturado para construir um escritório de sucesso.

O SUCESSO NA ADVOCACIA REQUER ESTRATÉGIA, PERSISTÊNCIA E AÇÃO CONTÍNUA.

FAÇA DIREITO, FAÇA DINHEIRO
@alexandresilva_adv

Agora, o próximo passo é seu. Coloque em prática o que aprendeu e veja os resultados surgirem.

É claro que, em alguns momentos, surgirão desafios. Nenhum caminho de crescimento é completamente linear. Haverá obstáculos, momentos de dúvida e ajustes a serem feitos. Quando isso acontecer, lembre-se de que você tem um grupo de apoio.

Acredite: se você aplicar o método de maneira consistente, os resultados aparecerão. O sucesso na advocacia não é uma questão de ter sorte ou estar no lugar certo na hora certa. Requer estratégia, persistência e ação contínua. Eu confio que você está mais do que preparado para transformar seu escritório e alcançar os resultados com os quais sempre sonhou.

Imagine-se daqui a um ano, com sua agenda lotada de reuniões e compromissos com clientes, o caixa da empresa bem lotado e seu bolso cheio, fruto do trabalho bem-feito e das estratégias aplicadas corretamente. Esse é o objetivo. Esse é o destino que você almeja, e ele é totalmente alcançável se você seguir o método que compartilhei.

No meu caso, foi exatamente isso que aconteceu. Em menos de três anos, saímos de uma sala pequena com quatro pessoas para um escritório de referência, com centenas de clientes e resultados financeiros expressivos. E posso garantir: se eu consegui, você também consegue.

12

PARABÉNS! VOCÊ É UM ADVOGADO CEO!

"Pra quem tem pensamento forte, o impossível é só questão de opinião" – Charlie Brown Jr.[44]

Parabéns, advogado CEO! Este é um momento de celebração. Não é comemorar por ter terminado este livro; é reconhecer a transformação que começou em você. Agora, está claro que o sucesso de seu escritório depende de uma liderança estratégica, e, como CEO, você está no controle do destino de seu negócio.

Independentemente de onde você esteja no momento – se trabalha sozinho em home office ou lidera uma equipe de dezenas de colaboradores –, o título de advogado CEO é seu porque você decidiu agir. Chegar até aqui não foi simples. Cada página lida, cada plano de ação estudado, cada ideia colocada em prática é um passo que poucos se dispõem a dar. E isso prova que você está pronto para algo maior.

VOCÊ NÃO ESTÁ SOZINHO

Ao longo do livro, exploramos estratégias que transformam não apenas escritórios de advocacia, mas também mentalidades. A cada capítulo, você foi desafiado a pensar diferente, agir com mais estratégia e liderar com visão. Talvez, no início, tenha sido difícil imaginar como

---

[44] SÓ OS loucos sabem. Intérprete: Charlie Brown Jr. *In*: CAMISA 10 joga bola até na chuva. São Paulo: Radar Records, 2010.

todas essas ideias poderiam ser aplicadas. Mas você persistiu, e essa perseverança já começou a mostrar resultados.

Agora, quero que saiba: você faz parte de um seleto grupo de advogados que escolheu inovar e crescer. Enquanto muitos permanecem na zona de conforto, sua opção foi evoluir. Isso significa que, daqui para a frente, você nunca estará sozinho. Cada conceito deste livro foi pensado para fornecer as ferramentas certas para enfrentar qualquer desafio no mercado jurídico.

Se você já percebeu mudanças – mais clientes interessados, maior engajamento nas redes sociais ou uma confiança renovada em sua abordagem –, isso é um reflexo direto de seu esforço. Mas não se engane: o progresso é cumulativo. É a soma de pequenas vitórias diárias que levará à transformação completa de seu escritório. Celebre cada conquista, por menor que pareça, pois ela é um marco em sua jornada.

Agora que você chegou ao final deste livro, a grande pergunta é: o que fazer em seguida? A resposta é clara: continuar em movimento. Todo o conhecimento que você adquiriu precisa ser aplicado com consistência. Afinal, é a prática que transforma teoria em resultados.

Confira algumas sugestões para você seguir avançando:

- **Revisite os capítulos regularmente.** Sempre que sentir que algo não está fluindo como deveria, volte ao livro. Os conceitos estão aqui para serem ajustados e adaptados à sua realidade.
- **Monitore seus indicadores.** Como discutimos, os KPIs são os termômetros de seu progresso. Acompanhe-os de perto e use-os para ajustar suas estratégias.
- **Nunca pare de aprender.** Este livro é um marco, mas não o destino final. Participe de cursos, leia mais, mantenha-se atualizado. O mercado jurídico está em constante evolução, e sua capacidade de se adaptar será a chave para o sucesso contínuo.

VOCÊ ESTÁ PRONTO. AS FERRAMENTAS ESTÃO EM SUAS MÃOS, E O CAMINHO ESTÁ ABERTO.

FAÇA DIREITO, FAÇA DINHEIRO
@alexandresilva_adv

Ao aplicar o que aprendeu, você percebe que não é apenas um advogado – você é o CEO de seu escritório. Essa mentalidade muda tudo. Ser um advogado CEO significa tomar as rédeas do futuro, liderar com visão estratégica e buscar resultados extraordinários.

Você agora entende que o mercado jurídico não recompensa apenas o conhecimento técnico. Ele premia a liderança, a inovação e a capacidade de entregar valor aos clientes. Cada decisão que você tomar daqui para a frente será fundamentada em estratégia, e isso fará toda a diferença.

A CAMINHADA CONTINUA

Este capítulo não é o fim de sua jornada – é apenas o começo. A partir de agora, cada estratégia que você aplicar, cada plano que implementar, será mais um passo na construção de um escritório sólido e bem-sucedido.

O sucesso, como vimos, não é um evento isolado. Ele é construído dia após dia, com dedicação e constância. Use este livro como um guia, mas saiba que a verdadeira mudança está em sua capacidade de agir e persistir.

Você está pronto. As ferramentas estão em suas mãos, e o caminho está aberto. Não há mais barreiras entre você e o sucesso almejado. Cada desafio será uma oportunidade de aplicar o que aprendeu, e cada vitória será um reflexo de sua dedicação.

O mercado jurídico precisa de líderes como você – profissionais que assumem a responsabilidade, lideram com estratégia e inspiram confiança. Mostre ao mundo o que é possível alcançar quando se une conhecimento, ação e determinação.

Você não chegou ao fim. Você chegou ao começo de algo extraordinário!

Este livro foi impresso
pela Gráfica Santa Marta em
papel pólen bold 70 g/m²
em abril de 2025.